챗GPT 시대, 좋은 질문이 좋은 답을 얻는다!

깊이 있는 질문 수업

큐앤알(Q&R)학습에서 피어나는 호기심

한국큐앤알학습연구회

박순덕, 김영주, 이기범, 정다은, 최유리, 김수연

교육과학사

Prologue

질문이 살아있는 큐앤알(Q&R)[1]학습 챗GPT 시대, 좋은 질문이 좋은 답을 얻는다!

❙ 호기심과 질문은 인간의 생존요건

질문의 중요성은 고대 그리스의 소크라테스 문답법에서 그 기원을 찾을 수 있다. 플라톤의 대화편, 『메논 Meno』에서는 소크라테스가 소년에게 지속적인 질문을 통하여 답을 이끌어 낸다. 이처럼 모든 학문의 시작도 질문이라고 할 수 있다. 고대부터 현대까지 질문은 의사소통의 중요한 수단이며 인간의 생존요건이라 할 수 있다. 우리 사회에서 필요로 하는 소통과 공감도 모두 처음엔 자연스러운 질문으로 시작된다. 오늘날 국제적으로 성공한 사람들은 질문을 잘하는 사람들이라고 한다.

뇌과학적으로 모든 동물은 호기심의 유전인자를 가지고 있으며, 사람도 유전적 요인에 호기심이 들어 있다고 한다. 그러니 호기심은 누가 가르쳐주는 것이 아니라 모든 사람이 자연스럽게 가지고 있는 타고난 것이라고 할 수 있다. 이러한 호기심을 표현하는 것이 질문이다. 호기심과 질문이 인간의 생존을 위해 꼭 필요한 요건이

1) 큐앤알학습은 Q는 질문(Question) R은 반응(Response)의 약자로 수업의 중요한 흐름이 학생들의 질문 만들기로 시작하며 다양한 반응으로 마무리되는 학생주도 중심 학습법이다. 큐앤알학습은 2011년부터 2024년 현재까지 박순덕 수석교사를 주축으로 하여 한국 큐앤알학습 연구위원 등이 실행연구를 통하여 개발하고 보급하였다. 큐앤알학습은 우리 교육상황에 맞게 최적화시킨 독창적인 학습 방법으로 단위 수업 시간에 성취기준과 학습 목표 도달이 용이할 수 있도록 개발하였다.

라고 말한 수잔 엥겔(Susan Engel, 2015) 교수는 학교 교육이 할 일은 학생들의 질문이 활발하게 일어날 수 있도록 도와주는 것이라고 하였다.

호기심을 가지고 언제 어디서든 질문하게 하라!

이렇게 중요한 질문 잘하기는 언제부터 가르쳐야 하는 걸까? 질문 만들기는 기초기본 교육이 이루어지는 초등학교에서부터 길러주어야 한다. 그래야 어떤 자리에서든지 자신의 궁금점을 당당하게 질문할 수 있게 된다.

요즘의 학생주도 학습에서는 모든 초점이 학생에게 맞추어지고 학생 스스로 질문을 만들고 이것이 점차 누적되어 질 높은 질문을 생성할 수 있도록 하여야 한다. 큐앤알학습은 학생주도학습과 맥을 같이하며, 언제 어디서든 궁금한 것을 마음 놓고 질문하게 하는 학습 방법이다.

모든 질문은 다 소중하고 가치 있다

모든 학생이 개별적인 질문 만들기로 시작하는 큐앤알학습에서 모든 질문은 다 나름대로 가치가 있다. 아무리 하찮은 질문이라도 질문을 하는 당사자에게는 아주 중요하다. 큐앤알학습은 모든 학생이 어떤 질문이든 맘 놓고 할 수 있는 허용적이고 자유로운 분위기를 조성하는 일이 우선되어야 한다. 그래야 모든 학생은 사소하고 엉뚱한 질문이라도 기죽지 않고 당당하게 물어볼 수 있다. 학생들이 정말 신나고 재미있게 공부를 할 수 있는 획기적인 학습 방법, 할머니의 옛날이야기처럼 다음 시간이 기다려지는 학습 방법이다.

모든 학생이 한 시간에 한 번 이상 질문하고 설명하게 하라

큐앤알학습은 모든 학생이 한 시간에 한 번 이상 손을 들어 스스럼없이 질문하고, 자기의 생각을 자유롭게 말할 수 있게 하는 학습법이다. 큐앤알학습은 학습의 주체가 학생이라는 사실에 공감할 때 실행해 보면 좋은 수업이다. 매일 해도 교사는 힘들지 않고, 학생들은 싫증 내지 않는다. 학생들과 대화가 잘 된다. 서로서로 이해하는 마음이 생기고, 서로 존중하는 마음이 생긴다. 그래서 가르치고 배우는 것이 행복하다.

현장 교사들의 필요에 의해 자생적으로 탄생한 큐앤알학습

큐앤알학습은 외국의 학자가 주장하는 학습법도 아니고 대학교수의 연구 논문을 통해서 나온 학습법도 아니다. 학생들과 날마다 함께 부대끼고, 서로 수업을 나누는 대한민국의 교사들이 만든 최초의 학습법이며 학생주도 중심 수업이다.

무엇보다도 큐앤알학습은 적은 노력으로 교육효과를 극대화시킬 수 있고, 평상시 수업에서 누구나 쉽게 적용 가능하다는 점에서 매력적이다. 큐앤알학습은 수업을 통해서 교사와 학생이 함께 발전해 갈 수 있으며, 체계적이고 지속 가능하다. 그래서 더 가치있다.

지난 10년 이상 실행연구를 통하여 발전해온 큐앤알학습은 전국에 널리 보급되어 차츰 확대되고 있다. 필자가 해온 연구와 현장 경험들을 좋은 수업을 위해 고민하는 전국의 선생님들과 나누고 싶어 3번째 책을 출간하게 되었다. 그동안 더 나은 질문 수업을 위해 끊임없이 고민하고 노력한 우리 연구회원님들께 고마움과 뜨거운 박수를 보낸다.

큐앤알학습을 통하여 교사는 교사로서의 자부심을 가지고 자아가 실현되는 더 나은 삶을 살게 되고, 나아가 국가적으로는 한국교육이 한 단계 더 발전하는 계기가 되기를 희망한다.

한국큐앤알학습연구회 회장 교육학 박사 박순덕

Contents

질문하는 수업의 힘

제1부

제1장 질문 수업으로 신규교사 탈출하기

병아리 교사, 질문과 만나다!

내가 큐앤알 수업을 접하게 된 건 교직 발령을 받은 신규교사 시절이었다. 첫해는 학교에 잘 적응할 수 있도록 배려받아 6학년 전담을 맡았다. 학교에는 교사들이 수업을 잘할 수 있도록 지원해 주시는 수석 선생님이 계셨다. 하루는 수석 선생님께서 나를 불러 수업에 어려움이 없는지 물으셨다. 올해는 전담으로 한두 과목을 가르치지만, 내년부터는 담임을 맡아 여러 과목을 가르쳐야 하니 다양한 과목에 적용할 수 있는 수업 방식을 배워보는 게 좋지 않나며 큐앤알 연수를 소개해 주셨다. 처음에는 어떤 학습 방법일지 궁금해하며 설렘 반 긴장 반으로 집합 연수 장소에 갔다. 나를 제외한 대부분의 선생님이 교직 경력이 있는 선생님들이었다. 신규가 아닌 경력이 있는 선생님들도 학생들을 어떻게 하면 효과적이고 재미있게 가르칠 수 있는지 계속 연구하시는 모습이 존경스럽고 멋지다고 생각했다.

큐앤알학습을 개발하고 연구하신 박순덕 수석님이 들려주시는 큐앤알 수업에 대해 들으며 '와 어떻게 저렇게 학생들이 주도적으로 수업을 하게 만들 수 있지? 나의 수업은 너무 교사 주도적이었구나…'라는 반성과 놀라움이 들었다. 나는 거의 주입식으로 학생들에게 학습 내용을 설명하는 수업을 했었다. 아이들이 배움 목표에 대해서 스스로 호기심을 가지고 질문하는 시간과 이를 찾아보는 시간을 가졌던 적이 있었던가 나를 되돌아보게 되었다. '아이들이 이야기하는 시간보다 교사가 이야기하는 시간이 더 많았는데, 아이들은 과연 즐거운 수업 시간이었을까?' 하는 의문이 들었다. 그러면서 나는 큐앤알 수업에 관심이 생겼고 점점 빠져들었다.

큐앤알 수업에서 구성원들의 첫 만남은 방식도 큐앤알이었다. 보통 우리는 어떤 집단에서나 처음 만나면 자기소개를 한다. 하지만 큐앤알 수업을 배우기 위한 모임에서는 달랐다. 서로 질문을 한 뒤에 돌아가며 자기소개가 아닌 짝꿍 소개를 했다. 그 짧은 시간 동안 다양한 질문을 통해 상대를 파악한 내용을 가지고 각자 다양한 방법을 사용하여 주변 사람들에게 짝꿍을 말로 설명하는 시간을 가졌다. 내가 나를 설명할 기회는 종종 있었지만, 처음 본 다른 사람을 소개하는 기회는 많지 않기 때문에 어떻게 하면 그 사람을 효과적으로 설명할 수 있을지 고민했다. 그래서 사람들이 궁금해할 만한 질문을 떠올리며 짝꿍에게 질문했고 이를 종합하여 사람들에게 짝꿍을 말로 설명했다.

무작위로 처음 만난 사람과 짝꿍이 된 우리는 서로를 알아보는 질문을 시작했다. "어느 학교에서 오셨나요?, 교직 경력은 얼마나 되셨어요?, 집은 가까운가요?, 퇴근하고 무엇을 하며 시간을 보내나요?"와 같은 개인적인 질문부터 "연수는 어떻게 참여하시게 되었나요?, 비슷한 연수를 들어보신 적 있나요?, 질문을 활용해 아이들과 수업해 본 적이 있나요?"와 같은 연수와 관련된 질문들을 나누며 상대방에 대해 알아가는 시간을 가졌다. 짧은 시간이었지만 다양한 질문을 통해 처음 만나게 된 짝을 잘 알 수 있었고 상대방에 대해 설명할 수 있는 경지에 이르렀다.

단순한 소개 활동이었지만 큐앤알이 함축된 활동이었고 큐앤알의 효과를 확실히 인지할 수 있는 활동이었다. 나는 아직도 그날 내 짝꿍이었던 분이 어떤 취미를 가지고 어떤 이유로 큐앤알 연수에 참여했는지 기억한다. 왜냐하면 내가 그분을 사람들에게 설명하면서 내 메타인지가 촉진되었기 때문이다. 하지만 만약 짝꿍이 스스로 소개하는 말을 내가 단순히 듣기만 했다면 지금은 다 잊어버려 기억하지 못할 것이다.

나는 매해 아이들을 처음 만나는 날, 담임 교사 소개를 하기 전에 먼저 말한다. "선생님에게 궁금한 점을 물어보세요." 그러면 아이들은 묻는다. "선생님 성함은 뭐예요?, 작년에 몇 학년 가르치셨어요?, 선생님은 착해요 아니면 무서워요?, 선생님은 무슨 색깔(과목, 음식, 운동 등) 좋아하세요?, 도서관(컴퓨터실, 운동장 등) 많이 가요?" 등 끊임없이 질문이 쏟아져 나온다. 호기심이 많은 아이들은 아주 자연스럽게 질문을 잘한다. 그리고 어려워하지 않는다.

아이들이 질문하기 전 칠판 위에 '선생님에 대해 궁금한 점'이라고 적어놓고 질문을 받으면 키워드를 적은 뒤 바로 대답을 해준다. 키워드를 적어놓는 이유는 이후에 친구들에게 질문하는 과정에 있어 질문이 아직 어색한 친구들이 이용할 수 있는 팁을 주기 위해서이다. 다만 질문을 할 때는 상대방을 곤란하게 만들거나 예의 없는 질문은 삼가고 상대방을 알아보기 위한 질문을 해야 함을 사전에 이야기한다. 자신의 호기심으로 상대방을 곤란하게 해서는 안 된다는 것을 주지시킨 뒤 교사에게도 친구들에게도 질문할 수 있도록 한다.

이후 아이들은 질문으로써 서로를 알아가는 시간을 가진다. 친구에게도 선생님에게 물어봤던 대로 그 친구를 알아가기 위한 질문을 한다. 처음에는 어색할 수 있어도 서로를 알아가기 위한 질문을 하며 금방 친해진다. "너는 작년에 몇 반이었어? 그 반에 나랑 친한 친구 있는데, 너도 알아? 다음에 그 친구랑 셋이 같이 놀자!", "너는 어떤 연예인 좋아해? 나도 그 연예인 좋아하는데, 어떤 멤버가 제일 좋아? 나는 사인된 앨범이랑 포토 카드도 있는데 다음에 가져와서 보여줄게.", "너는 형제가 있어? 나는 동생이 있는데 요즘 엄청 나한테 까불어서 진짜 많이 싸워.", "너희 집은 어디야? 나랑 같은 방향으로 가네. 그럼 이따 같이 집에 가자!"와 같이 서로의 공통점을 찾으며 친해진다. 그리고 짝꿍을 다른 친구들에게 말로 설명하는 과정을 거치며 더욱 오랫동안 그 친구에 대한 정보를 기억할 수 있게 된다. 이것이 내 큐앤알 수업과의 첫 만남이었으며 우리 반 친구들이 매년 겪는 큐앤알 수업과의 첫 만남이다.

질문으로 마음을 나눠봐!

아이들이 질문하고 반응하는 것에 익숙해지면 수업뿐만 아니라 생활 지도까지 학급의 전반적인 부분에서 큐앤알을 활용할 수 있다. 학기 초에 아이들과 친해지기 위한 방법으로 교실에서 질문 카드를 활용한다. 이 질문 카드는 시중에서 판매하는 것을 구매해도 되지만 교사가 학급 상황에 맞게 질문을 구성하여 질문 카드를 만드는 것을 추천한다. 나는 보통 내가 아이들에게 궁금한 점을 생각해서 질문을 작성하고 카드를 만드는 편이다. 가벼운 질문으로는 "오늘 아침은 무엇을 먹고 왔나요?"라는 질문에 아이들은 아침에 먹은 것을 이야기한다. 부모님이 무엇을 차려주셨는지, 부모님이 요리를 잘하시는지, 부모님이 해주신 음식 중 무엇이 가장 맛이 있는지 술술 이야기가 나온다. 만약 안 먹었다는 단답에는 내일은 무엇을 먹고 싶은지 혹은 아침을 안 먹으면 배가 고프지는 않은지 아이들과 소통하기 위한 다른 질문을 한다. "우리 반에서 가장 친해지고 싶은 친구는?"이라는 질문에는 귀를 가까이 대보라며 비밀 이야기를 하듯이 속닥거린다. 다양한 이야기가 오가는데, 아이들의 교우관계에 대한 많은 이야기를 들을 수 있어서 좋다. 이렇게 아이들에게 궁금한 질문을 만들어 학기 초에 자연스럽게 다양한 주제로 대화하며 아이들과 친해질 수 있다.

이후에는 학생들이 친구들에게 궁금한 점을 담아 질문 카드를 만들도록 할 수 있다. 그리고 모둠원들과 이야기를 나누거나 돌아다니며 만나는 친구와 서로 질문을 주고받고 이야기를 나눌 수 있는 장을 만들어 준다. 하다 보면 질문을 만들고 나누는 데 시간이 줄어들게 되고, 충분히 아침 열기 활동으로 진행할 수 있다. 아이들이 주고받는 질문들을 보면, “학교 도서관에서 읽었던 제일 재밌는 만화책은 뭐야?”와 같이 학급 도서관 사용 시간에 읽을 책을 추천받는 질문과 “곧 생일 파티를 할 건데 어떤 것을 먹고 무얼 할까?”와 같이 즉각적으로 자신이 고민하는 문제에 답을 얻을 수 있는 질문 등이 있었다.

만약 친구들과 질문을 만드는 것을 어려워하는 친구가 있다면, 처음에는 교사의 질문 카드를 빌려주거나 친구나 교사의 질문을 따라 하도록 허용해도 좋다. 부담을 갖지 않고 시작할 수 있도록 도움을 주는 조력자가 되는 것이 교사의 역할이다. 이러한 활동이 아니라면 생각보다 아이들은 학기 말이 될 때까지 어떤 친구와는 이야기해 본 적 없이 학년을 종료하는 경우가 많다. 아이들끼리 질문 카드를 주고받을 때는 항상 이야기하는 친한 친구랑만 활동하는 게 아니라 다양한 접점을 만들어 주는 것이 좋다. 교사가 인원 제한(동성 친구 2명, 이성 친구 2명 등)을 둔다든지 조건(같은 색깔 옷을 입은 사람들끼리 만나기) 등을 생각해서 제시하면 재미있게 활동을 할 수 있다. 이러한 환경은 교사 혼자서 만들기 위해 부담을 가질 필요 없다. 생각보다 학생들은 다양한 아이디어를 가지고 있다. 친구들과 다양한 주제로 이야기를 나누며 우정을 쌓을 수 있는 시작점을 만들어 준다는 데에 있어 이 활동은 의미가 있다.

고민이 있다면 말해봐!

어떠한 나이대에서든 자신만의 고민이 있다. 이때 자신이 가진 고민을 붙임종이에 적어 눈에 잘 띄는 곳으로 교실 안 자신이 원하는 장소에 부착한다. 간단하게는 “곧 여동생이 생일인데, 어떤 선물을 주면 좋을까?”라는 질문에 여동생이 있는 친구들이나 여학생들이 대답한다. “평소에 여동생이 좋아하는 아이돌이나 캐릭터가 있다면 포토 카드나 그 캐릭터가 그려져 있는 학용품은 어때?”, “내 여동생도 너의 여동생이랑 동갑인데, 내 동생은 이걸 좋아하더라! 동생 친구들 사이에서 유행인 것 같아.”와 같이 성심성의껏 질문에 응답한다.

사춘기가 되면 가족들과 보내는 시간보다는 친구들과 보내는 시간을 더 좋아한다. 그러면서 친구들 간의 미묘한 감정싸움이나 사춘기를 맞이하며 뾰족해지는 말투와 행동 등으로 부모님과의 마찰이 생기게 된다. 같은 경험을 공유하며 이러한 문제에 대한 해결 방법을 질문하는 학생들이 많다. 아이들끼리 공감대를 형성하며 적극적으로 질문에 대한 토론의 장이 열린다. 부모님과 해결 방법을 찾았거나 해결 중인 아이들이 팁을 전수해 주었다.

이렇게 질문은 아이들이 가진 고민을 나눌 수 있는 장을 만들어 준다. 같은 고민을 가지고 있거나 이미 경험한 친구들에 의하여 다양한 응답을 받으며 질문한 아이는 도움을 받는다. 활동이 끝나면 자신이 가졌던 고민을 간단하게 설명하고 가장 좋았던 응답을 채택한다. 사연자는 다양한 응답 중 가장 자신에게 도움이 되었던 해결책을 이야기하며 앞으로 자신이 그 문제에 대해 어떻게 대처할 것인지에 대해서 친구들 앞에서 공언한다. 약간의 재미 요소를 더하기 위해 우리 반 상담 왕을 뽑는데 가장 많은 채택을 받은 아이는 학급의 규칙에 따라 보상한다. 그러면 아이들은 더욱 열심히 친구들의 고민이 담긴 질문에 응답한다. 이 활동을 하면 학생들이 질문을 통해 자신의 고민을 해결하며 긍정적이고 건설적인 방향으로 나아갈 수 있다.

제2장 질문으로 아우르는 전 학년 수업 만능키

나만의 색을 갖는 수업을 하고 싶어

나의 첫 발령지는 전교생이 60명 내외의 6학급이었다. 칠판 앞에 서면 10명 내외의 아이들 얼굴이 한눈에 들어오는데 표정이 너무나도 잘 보였다. 특히 수업에 집중하지 않는 표정들은 더욱더 잘 보였다. "선생님, 수업 시간에 제가 졸아서 죄송해요. 어제 잠을 못 자서 피곤해서 그랬어요."라고 쉬는 시간에 한 학생이 찾아왔다. 신규 선생님이 상처받을까 피곤하다며 미안해하는 표정으로 쉬는 시간에 찾아온 것이다. 그 아이가 나한테 미안한 마음보다 졸린 수업을 만든 내가 더 미안한 마음이었다.

수업을 어떻게 구상해야 아이들도 나도 즐겁고 알찬 시간이 될 수 있을까? 나는 어떤 색을 가진 교사가 되어야 할까? 수업 연구를 하던 중 학습 효율성 피라미드를 보게 되었고, 그때 엄청난 충격을 받게 되었다. 학습 후 24시간 이후 평균 기억률과 관련된 것이었는데, 그저 듣는 활동은 5% 정도 기억에 남았다. 읽기는 10%, 시청각 수업은 20% 정도 기억에 남는다는 결과였다. 내가 지금껏 교실에서 열심히 하던 것들이 최대 20%만 기억에 남는 활동이었다니… 너무나도 충격적인 결과였고, 아이들에게 미안했다. 반대로 서로 설명하기는 90%나 기억에 남는다는 사실이 너무 놀라웠고, 이와 관련되어 수업을 고민하기 시작했다.

그러던 중 부천으로 근무지를 옮겼고, 큐앤알 연수에 참여하게 되었다. 직접 학생의 입장이 되어 교과서를 읽고, 질문을 만들고, 서로 생각을 나누는 활동을 하였다. 큐앤알 수업에서는 수업 주제와 관련된 질문들을 만들도록 한다. 따라서, 수업의 핵심 주제에서 벗어나지 않으면서도 학생들이 주체적으로 수업에 참여할 수 있었다. 정리 활동으로 내가 배운 내용을 짝에게 설명하면서 내가 잘못 이해하고 있는 것이 무엇인지 알 수 있었다. 내가 직접 학생의 입장이 되어 참여해보니 이 수업의 장점을 더욱 느낄 수 있었다. 이 수업이라면 교실에서 아이들이 즐겁게 참여할 수 있고 더불어 배움의 효과도 높겠구나! 이거다! 큐앤알 수업이 내가 찾던 정답이다!

나도 1학년, 너도 1학년

큐앤알 연수를 들은 해에 1학년 담임교사였다. 호기심 가득한 1학년 아이들이라면 큐앤알 수업을 좋아하고 잘 하지 않을까? 그런데, 1학년 아이들은 이제 막 한글을 배우는데 할 수 있을까? 아직 친구의 말을 듣는 것이 어려운 학년이라 연습하고 있는데, 친구의 질문을 듣고 생각을 나누는 활동을 할 수 있을까? 설렘도 있었지만, 고민이 더 많았다. 그래도 일단 해보자. 아이들이 가진 잠재력은 내 생각보다 뛰어나다! 다만, 미리 준비를 철저히 하고 시작하자!

1학년은 한글을 배우는 학년이다. 아이들별로 한글을 읽고 쓰는 수준이 천차만별로 다르다. 또 평소에는 궁금한 것들을 이야기하지만, 질문을 만들라고 하면 질문이 무엇인지 몰라 시작도 못 하는 아이들도 있다. 자신의 이야기를 하는 것을 좋아하지만, 아직은 연령이 어려서 다른 친구의 말을 경청하는 것을 어려워하기도 한다.

놀이를 싫어하는 아이는 없다. 질문에 대해 긍정적인 생각을 갖는 것이 중요하다고 생각하여 놀이로 질문 만들기를 시작하였다. '까만 놀이'와 '까까 놀이' 2가지 놀이를 소개하였다. 까만 놀이는 "~다."로 끝나는 문장을 "~까?"로 바꾸어 읽는 놀이이다. 읽기가 어려운 학년 특성상 교사가 한 문장을 읽으면 아이들이 "~까?"로 바꾸어 읽도록 하였다. 시시한 놀이라고 하던 아이들이 선생님의 말에 "~까?"라며 계속 다시 묻는 활동을 하며 즐거운지 깔깔거리며 웃기 시작했다. 즐거운 분위기가 교실을 가득 채우게 된 것이다. 기세를 몰아 까까 놀이를 했다. 까까 놀이는 "~까?"로 끝나는 질문을 서로 돌아가며 하는 놀이이다. 앞사람이 말한 질문과 똑같은 것을 하거나, 나의 차례에 질문을 하지 못하면 탈락하게 된다. 앞사람이 하는 질문을 잘 듣고 기억해야 하기에 친구의 말을 경청하는 연습을 할 수 있다. 두 가지 놀이를 한 뒤, 교실에서 재미있는 문화가 생겨났다. 쉬는 시간만 되면 아이들이 함께 모여 까만 놀이, 까까 놀이를 하는 것이었다. 우리 학급만의 문화로 자리 잡았고, 아이들이 질문을 좋아하게 되었다.

놀이를 함께하며 질문과 친해진 다음 그림책을 활용하여 큐앤알 수업을 시작하였다. 그림책은 한글을 모르더라도 그림을 보고 이해할 수 있기 때문에 아이들에게 부담이 없는 소재였다. 그림책을 보며 궁금한 점을 1~2가지씩 생각하도록 했다. 한글을 배우는 학년이기 때문에 질문을 글로 쓰지 않았고, 말로 표현하도록 하였다. 친구들과 질문을 주고받고 함께 생각을 나누며 아이들이 그림책에 대해 좀 더 깊게 이해하는 모습들을 관찰할 수 있었다.

처음에 '1학년 아이들과 큐앤알 수업을 할 수 있을까?'라는 고민이 있었는데, 큐앤알 수업을 하면서 아이들에게 미안한 마음이 들었다. 내 걱정과 달리 질문을 만들고 친구들과 생각을 나누는 활동을 너무나도 잘했기 때문이다. 오히려 고정관념 등으로 뻔한 질문을 생각하는 나와 달리 1학년 아이들의 순수한 마음속 질문들은 창의적이었다. 1학년 아이들과 한 해를 보내며 아이들의 질문을 통해 그 아이들을 더욱 잘 이해할 수 있었고, 아이들도 서로를 알아가는 경험을 하였다. 처음 큐앤알 수업을 했던 1학년 선생님과 학교생활을 시작하는 1학년 아이들. 두 1학년이 만나 서로에게 배움을 주는 한 해가 되었다.

냉탕 6학년에서 열탕 6학년으로

다음 해에 6학년 담임교사가 되었다. 손을 드는 아이들이 너무 많아 누구를 시켜야 할지 고민이 되는 1학년 교실과 달리 6학년은 누가 좀 손을 들어주면 좋겠다는 생각을 하는 경우가 많다. 1학년 수업이 온탕과 같이 뜨끈뜨끈하다면 6학년 수업은 냉탕과 같다. 앞서 학년에서 겪던 학습 어려움이 그대로 올라왔기에 이해에 대한 어려움도 크다. 더불어, 6학년 교실에서 발표를 안 하는 가장 큰 이유는 또래 친구들의 시선이 두렵기 때문이다. 가장 먼저 그 두려움을 깨는 것이 중요했다.

한해살이를 시작하면서 아이들에게 "좋은 질문, 나쁜 질문은 없어요. 내가 궁금한 것을 묻는 것은 멋진 일이고 용기 있는 행동입니다."라고 이야기했다. 더불어 "다른 사람의 질문에 절대로 비웃거나 놀리는 행동은 하지 않았으면 좋겠습니다."라고 말했다. 3월 첫날 아이들에게 가장 강조했던 부분이었다. 그 후, 다양한 놀이를 시작으로 질문을 만드는 연습을 했다. 사전 활동들을 하면서 국어, 사회, 수학, 자율 시간을 활용하여 나만의 색을 갖는 수업을 만들 수 있었다. 처음에는 어려워하고 글자 쓰기 싫다던 아이들이었는데, 시간이 지날수록 나를 놀라게 하는 질문들을 쏟아내기 시작하였다. 그리고 수업 시간에 배운 내용을 기억하는 것을 좀 더 쉽게 하였다. 더불어 교실이 아이들의 이야기로 열탕처럼 열기가 차오르기 시작했다.

큐앤알 수업을 하면서 학습에 자신감이 부족했던 아이들이 자신감을 느끼는 모습을 많이 보았다. 이와 관련하여 한 아이가 생각난다. 이 아이는 수학에 대해 자신감이 없었다. 어느 날, "저는 수학을 못 하고, 수학이 어려워요. 저도 수학을 잘할 수 있을까요?"라고 그 아이가 물었다. "그럼, 왜 이렇게 푸는 것일까? 질문하고, 배운 내용을 말로 설명하는 연습을 하면 점점 더 나아질 거야."라고 답하자 "제가 안 해 봤던 방법이에요. 선생님을 믿고 한번 해볼게요."라고 말했다. 감동이었고, 더불어 책임감도 느꼈다. 수업이 끝나고 남아서 질문하고, 알게 된 내용을 자신만의 방법으로 정리했다. 점점 실력이 좋아지면서 2학기가 되니 친구에게 날카로운 질문을 하였다. 전에는 자신감이 없이 주눅 든 표정과 목소리였는데, 이제는 목소리에 좀 더 힘을 실어 설명하였다. 우리 학급 수학 평가지는 논술형으로 한 친구가 다른 친구에게 궁금한 내용을 묻고, 알려주는 형태였다. 아이들은 알려주는 학생의 답변을 써야 했다. 2학기 수학 평가에서 이 아이는 만점을 받았다. 평소 수학 실력이 좋았던 친구도 감점이 있던 시험이었는데, 이 아이가 만점을 받은 것이다. 다른 친구들도 그 아이의 성장에 놀랐고, 무엇보다 그 아이가 가장 자신의 변화에 놀랐다. 큐앤알 수업을 가장 열심히 성실히 했던 학생에게 가장 큰 변화가 찾아왔다.

반대로 수학에 대한 자신감이 있던 아이가 당황하는 경험을 하기도 하였다. 문제의 답은 정말 잘 구하는 아이였는데, 친구에게 자신의 풀이를 할 때의 일이었다. "선생님께서 그림으로도 표현할 수 있다고 했는데, 어떻게 그릴 수 있어?"라고 질문을 받자 아이는 당황한 표정을 지었다. 학습에 대해 자신감이 있는 친구가 잘 모르는 친구와 질문을 주고받는 과정에서 의외로 날카로운 질문을 많이 받게 된다. 나는 알고 있기 때문에 궁금한 것이 없을 수 있고, 이미 다 안다고 스스로 생각한다. 그런데 해당 내용을 잘 모르는 친구가 품는 질문은 의외로 참신한 내용이 많다. 큐앤알 수업을 하면 학습 속도, 학습 실력이 서로 다른 상대에게 도움을 받고, 깨달음을 얻게 서로를 돕게 된다. 이것이 큐앤알 수업의 매력이라고 생각한다. 큐앤알은 모두가 자신의 역할을 가지고 참여하는 수업이며, 그 안에서 서로에게 도움을 주는 수업이다.

제3장 마음을 사로잡는 질문 수업

선생님도 수업이 어려워

다양한 기술이 발전하고, 인터넷과 통신이 발달하면서 교사들의 수업도 진화하기 시작했다. 나의 어렸을 적 초등학교는 선생님의 칠판 판서 소리와 공책 가득 빼곡한 연필 글씨가 익숙하였다면, 지금의 초등학교는 많은 차이가 있다. 선생님의 칠판 판서 소리 대신 커다란 교실 텔레비전에서 화려한 수업 프레젠테이션이 실행되고, 아이들의 흥미를 끄는 재미난 영상도 가득하다. 교과서 옆에는 공책이 아닌 개인별 태블릿이 놓여있다. 아이들은 공책에 연필로 글자를 꾹꾹 눌러쓰는 대신 태블릿pc를 열고 선생님께서 주신 링크로 들어가 자판을 열심히 치면서 자기 생각을 적고 만들어진 발표 자료를 교실 텔레비전에 띄워 발표까지 진행한다.

오늘날 교실 수업은 다양한 미디어 자료로 가득 하고, 아이들의 흥미를 끌 만한 재미난 게임과 활동은 일 년 내내 끊이질 않는다. 하지만, 이것이 과연 좋은 수업일까? 화려한 수업 자료와 영상이 많으면 좋은 수업일까? 아이들이 재미있게 참여하는 활동으로 이루어진 수업은 과연 좋은 수업일까?

'좋은 수업이란 어떤 수업일까?'

교사라면 누구나 한번쯤 깊이 있게 고민해 봤을 질문이다. 1년에 약 190일 동안 학교에서 수업하는 교사들은 내 수업이 과연 좋은 수업인지, 의미 있는 수업인지 고민하고 또 고민한다. 교육 패러다임은 계속 변하고 매년 다양한 수업 방식에 대한 연구가 이루어진다. 10년에 한 번씩 강산이 변한다고 하는데, 교육계는 그보다 더 빠른 시기에 변화한다. 교육과정이 개정될 때마다 교육 목표, 교육 내용 등이 바뀌기 때문이다. 따라서, 교단에 서는 교사들은 교육계의 변화와 흐름에 따라 자신의 수업에 대한 연구와 고민을 계속하게 된다.

교직에서 10년간 있으면서 내가 내린 결론은 '수업은 결과 아닌 그 과정'에 있다는 것이었다. 아이들의 배움은 그 과정과 시간 속에 모두 녹아있다. 아이들이 쓴 글, 그린 그림, 만든 작품이 수업의 전부가 아니었다. 아이들이 그 결과물을 만들기까지 스스로 생각하고, 의미를 깨닫고, 친구와 이야기를 나누는 모든 과정에 배움이 있었다.

과정의 중요성을 깨닫고 수업의 본질에 대해 고민하던 와중에 박순덕 수석님과 큐앤알 연구회를 만났다. 그리고 큐앤알 수업에 대해 배우게 되었다. 수석님께서는 내게 이렇게 말씀해 주셨다.

"교육과정에는 성취 기준이 있고, 그 성취 기준을 달성하기 위한 배움 목표가 매 수업 시간에 있어요. 매 수업 시간에 아이들이 배움 목표에 도달한다면 그 시간이 쌓여서 성취 기준에 도달할 수 있어요. 화려한 수업 스킬을 쌓기보다 학생의 배움 목표 도달에 집중하기 위한 수업을 디자인해 봅시다. 큐앤알 수업은 학생 배움 중심 수업을 만들어가는 데 큰 도움이 될 거예요."

수석님의 말씀을 듣고 큐앤알 수업에 대해 큰 관심이 생기게 되었다. 학생 배움에 초점을 맞춘 큐앤알 수업에 대해 연구하다 보면 좋은 수업에 대한 해답을 찾을 수 있지 않을까 하는 기대를 하며 본격적으로 연구하기 시작하였다.

질문하는 수업은 특별할까?

오늘날 아이들은 질문 만들기를 어려워한다. 질문 만들기를 어려워하는 것뿐 아니라 '질문이 없다'고 한다. 수업 시간에 무엇을 궁금해해야 하는 것인지 몰라 어리둥절해한다. 질문하기 어려워하는 아이들. 오바마 대통령 앞에서 수많은 한국 기자가 질문을 못 하고 얼어버렸던 것을 생각하면, 질문하기 어려워하는 아이들의 모습은 당연한지도 모르겠다. 아이들은 원래부터 호기심이 없던 것일까? '질문하기'란 특별히 길러줘야 할 능력일까?

아이가 막 입을 떼고 말을 시작했던 때를 떠올려보자. 세상에 모르는 것, 신기한 것투성이인 아이는 길을 가는 내내 "저게 뭐예요?", "이건 왜 그래요?" 등 질문을 끊임없이 한다. 세상에 궁금한 것이 어찌나 많은지, 아이는 지칠 줄도 모르고 끊임없이 부모에게 질문을 던진다.

이렇게나 질문이 넘쳐나던 아이는 학교에 가기 시작하면서 질문이 적어진다. 초등학교 저학년 아이들은 그래도 질문을 많이 하지만, 학년이 올라가면서 아이들은 점점 더 질문을 잃어간다. 주어진 수업 시간에 선생님의 설명을 듣고, 과제를 해결하기도 바쁠뿐더러, 궁금한 것을 질문하려면 큰 용기가 필요하다. 친구들이 대부분 선생님의 말씀에 끄덕거리고 있을 때 혼자만 손을 들고 질문한다는 것은 아이에게 큰 용기가 필요한 일이다. 아이는 질문이 자신의 부족함을 드러내는 일이라고 생각할 수 있다. 질문하는 자신의 모습을 친구들이 이상하게 보진 않을지 걱정하는 아이들도 많다. 그렇게 궁금한 것, 알고 싶은 것을 물어보지 못하게 되는 아이들. 질문이 사라진 교실은 의사소통이 줄어들 뿐만 아니라 아이들 또한 수동적으로 사고하게 된다.

큐앤알 수업은 아이들의 질문에서 시작된다. 다양한 수업 주제에 대해 아이들은 궁금한 것, 더 알고 싶은 것 등 다양한 질문을 만들어 낸다. 큐앤알 수업에서 질문은 아이들의 생각을 깨우는 질문이다. 글을 읽거나, 영상을 보거나, 그림을 보고 아이들은 그 속에 담겨있는 의미를 찾기 위해 깊이 있는 질문을 만든다. 그동안 자연스럽게 머리에 떠올랐던 호기심을 글로 적고, 말로 풀어낸다. 큐앤알 수업에서 아이들은 질문하는 것을 두려워할 필요가 없다. 질문은 나의 부족함을 나타내는 것이 아니라, 배움에 대한 호기심을 표현하는 것이다. 질문을 통해 내가 아는 것과 모르는 것을 구분할 수 있는 메타인지를 기르고, 질문을 통해 의미 있는 배움을 해나갈 수 있다.

따라서, 큐앤알 수업은 학생 배움 중심의 수업을 할 수 있을 뿐만 아니라 의사소통 역량, 창의적 사고 역량, 비판적 사고 역량 등 다양한 역량을 기를 수 있는 수업 방식이다. 또한, 아이들이 배운 내용을 자신의 언어로 설명하기 때문에 능동적인 학습법에 해당하고, 배운 내용을 장기기억에 저장하여 오랫동안 기억할 수 있다.

교사의 입장에서 큐앤알 수업을 생각해 보자면, 큐앤알 수업은 단편적으로 지식만 전달하는 수업이 아니라 학생의 교육적 성장과 배움에 온전히 초점을 맞춘 수업이라고 할 수 있다. 비유하자면 교사만 똑똑해지는 수업이 아닌 아이들의 생각이 깨어나고 아이들의 배움이 가득한 수업이라고 할 수 있다.

다시 처음의 질문으로 돌아가 보자.

'좋은 수업이란 어떤 수업일까?'

이 질문에 대한 답은 교사마다 다르겠지만, 나는 아이들이 스스로 배움을 만들어 나갈 수 있도록 기회를 주고, 자신이 배운 것, 느낀 것을 말로 설명할 수 있는 수업이라고 생각한다. 아이들이 수업에서 무엇을 궁금해하고, 어떤 배움을 만들어 나가는지 집중하며 보다 보면 아이들의 빛나는 생각을 발견하게 된다. 그 과정에서 아이들이 생각을 키우고 스스로 배움을 얻을 수 있도록 돕는 것이 교사의 역할이라고 생각한다.

아이들의 마음을 사로잡는 수업의 비결은?

큐앤알 수업을 처음 시작하던 때에는 발표하는 아이들이 많지 않았다. 하루 동안 한 번도 발표하지 않고 집으로 돌아가는 아이도 있었다. 짝과 이야기를 나눠보라고 하면 가만히 있는 아이, 모둠 친구들과 이야기를 나눌 때 소극적인 아이도 여럿 있었다. 쉬는 시간에는 친구들과 많은 이야기를 재잘재잘 나누었는데, 유독 수업 시간에는 아이들이 조용하였다. 큐앤알 수업은 아이들이 입을 떼고 자기 생각을 말하는 것이 핵심인데 과연 잘 진행될지 걱정스러웠다.

하지만, 직접 큐앤알 수업을 해보고 깜짝 놀랐다. 나의 걱정과는 달리 아이들은 반짝이는 눈빛과 적극적인 모습을 보여주었다. 수업 시간에 단 한 번도 발표하지 않던 아이는 신나게 손을 들고 씩씩하게 발표하게 되었다. 모둠 활동에 소극적이던 아이는 친구와 질문하고 설명하기에 열정적으로 참여하였다. 수업 시간 내내 비스듬히 앉아 무기력한 모습을 보이던 아이는 자신의 생각을 글과 그림으로 멋지게 표현하였다. 학습지 한 장으로 수업을 진행하는데도 아이들의 눈빛은 빛났고, 손을 바삐 움직이며 열심히 자기 생각을 써 내려갔다.

아이들의 배움이 살아 숨 쉬는 수업의 비결은 무엇일까?

큐앤알 수업은 아이들에게 배우고 싶은 마음을 가득 만들어 준다. 질문은 아이들의 본능이다. 질문은 모르는 것을 물어볼 때만 하는 것으로 생각하던 아이들. 하지만, 어떤 질문이든 좋으니, 질문을 만들어 보자고 하자 아이들의 마음속에 있던 걱정과 불안이 사라지고 생각이 꿈틀대기 시작한다. 모든 질문은 가치 있고, 나쁜 질문은 없다는 말은 마법처럼 아이들이 손을 들게 만들었다.

큐앤알 수업은 단숨에 아이들의 마음을 사로잡았다. 아이들은 이렇게 큐앤알 수업 소감을 남겨주었다.

"서로 생각을 공유하며 수업하는 것이 재미있습니다."

"원래 발표하는 것을 싫어했는데, 큐앤알 수업을 하면서 발표하는 것이 재미있어졌어요."

"책은 재미없는 것인 줄 알았는데 이렇게 생각을 나누며 읽으니까 정말 재미있습니다."

"흥미로운 그림책이 이렇게 많은 줄 몰랐고, 친구와 질문을 나누며 상상하는 것도 너무 재미있었습니다."

듣기만 하던 수업에서 생각을 말하는 수업으로 바뀌니 아이들은 훨씬 적극적으로 변했다. 질문하는 것은 재미있다. 다양하고 흥미로운 질문이 많이 나오면 아이들은 신기해하고, 자신도 질문을 만들고 싶다는 욕구에 사로잡힌다. 손 드는 친구들이 많아지고 나도 발표하고 싶다는 마음이 더욱 간절해진다. 자연스럽게 아이들의 집중도와 참여도는 높아지고, 수업 분위기도 좋아진다.

자유로운 분위기 속에서 질문을 나누는 시간은 너무나 즐겁다. 수업 주제에 맞는 핵심 질문을 통해 생각에 깊이를 더하고, 개념적 이해를 해나갈 수 있다. 수동적으로 지식을 받아들이던 아이들이 능동적으로 개념을 이해하고 자신만의 생각을 만들어 나가기 시작하자, 모든 아이가 눈을 반짝이며 재잘거린다.

큐앤알 수업을 준비할 때면 아이들이 어떤 질문을 만들어 낼지 설레고 두근거린다. 내가 예상한 질문을 뛰어넘는 훌륭한 질문을 발견하면 감동이 파도처럼 밀려온다. 질문은 아이들의 생각을 키우고 성장시킨다. 질문으로 생각을 열고 자신의 생각을 다양한 반응으로 표현하는 큐앤알 수업에서는 깊이 있는 학습이 가능하다. 큐앤알 수업을 통해 아이들은 배움의 즐거움을 느끼고 성장해나간다.

제4장 삶을 변화시키는 질문의 힘

공부는 지루해

아이들은 왜 공부를 하기 싫어할까? 도대체 왜 스스로 하지 않는 것일까? 어른들이 공부를 그렇게 생각하기 때문이다.

아이들에게 구구단을 가르친다고 생각했을 때, 어른들은 본인이 습득했던 최선의 방식을 아이가 따라 하도록 할 것이다. 그리고 가장 효율적이라고 생각하는 방법으로 가르칠 것이다. 아이가 조금 지루한 것처럼 보이면 다음과 같이 생각할 것이다. '이 내용은 중요하기 때문에 지루하더라도 꼭 해야 해. 그리고 이 방법으로 하는 것이 시간을 많이 아낄 수 있어.'라고 말이다.

그러나 이것은 어른들의 착각이자 공부를 지루하게 만드는 방법이다. 어른들의 가르침 속에 아이들의 생각과 의지가 들어갈 여지가 거의 없기 때문이다. 스스로의 생각과 의지가 들어가지 않는 활동은 지루할 수밖에 없다.

어른들이 아이들에게 최선을 다해 무언가를 가르쳐주는 상황도 마찬가지이다. 공부라는 활동에서 아이들이 하는 주된 행동은 그저 어른들이 하라는 대로 하는 것이다. 어른들이 숫자를 빼곡히 써 나아가면 아이들은 숫자를 빼곡히 따라 써야 한다. 이 과정에서 아이들은 수동적일 수밖에 없고, 아이들은 지루함을 느낄 수밖에 없다. 어른들이 최선을 다할수록 말이다. 한 술 더 해서 긍정적인 피드백마저 없다면, 공부 자체가 하기 싫을 것이다.

교실에서도 종종 비슷한 장면이 펼쳐진다. 선생님이 수업을 설명으로 가득 채우면 아이들은 선생님의 말을 최대한 이해하고 기억하려고 할 것이다. 이런 수동적인 수업에서 아이들은 지루함을 느낄 것이다.

그러나 어른들은 끊임없이 아이들에게 공부를 재미없게 느끼고 싫어하는 것은 잘못되었다고 한다. 반짝이고 달콤한 미래를 위해 하루 10시간이 넘는 인고의 시간을 지루해하지 않으며 꾸려 나가야 한다고 주장한다. 이것은 거의 불가능한 일이다. 업무 능력이 아주 좋은 성인조차도 매일 10시간 이상 일거수일투족을 상사에게 지시받으며 즐겁게 일할 수는 없다.

빼앗긴 호기심

그렇다면 아이들이 능동적으로 즐겁게 공부할 수 있도록 가만히 놔두면 될까? 그것조차 힘든 일이다. 우리나라에서 공부란 대입으로 연결된다. 대부분의 성인들과 아동들은 대입이 인생에서 대단히 중요하다고 생각하고 있다. 그래서 공부란 곧 대입에 필요한 수시와 정시를 준비하는 과정, 인생에서 대단히 중요한 것이 된다. 여기서부터 아이들은 능동적일 수 없다. 무엇을 얼만큼 해야 하는지는 이미 정해져 있고, 거기에 자기 생각과 의지가 개입될 가능성은 0에 가깝다.

그리고 아이들은 대입에 필요한 내용을 학년별로 분절해서 준비한다. 초등학교 3학년엔 초등학교 3학년의 내용을 초등학교 5학년엔 초등학교 5학년의 내용을 공부한다. 여기서 문제가 생긴다. 3학년에 3학년의 내용을 모두 습득하지 못한 학생들은 3학년의 내용을 모두 습득하기 위해 더 많은 시간을 써야 한다. 능동적으로 무엇인가를 할 시간은 없다. 3학년의 내용을 모두 습득한 학생도 능동적일 수 없다. 수능을 위한 공부 내용이 남아 있기 때문에 4학년의 내용을 선행하는 데 더 많은 시간을 쓰기 때문이다.

시간만 없는 것이 아니라 아이들은 정신적인 여력 또한 없다. 아이들이 시험공부를 하는 장면을 그려보자. 아이들은 책에 나와 있는 활자들을 최대한 많이 외우기 위해 노력할 것이다. 그러나 책 한 권에 있는 모든 활자를 빠짐없이 외우는 것은 불가능하다. 불가능한 목표를 달성하기 위해 최대한의 노력을 하다가 결국 목표는 달성하지 못하고 시간을 채운 뒤 공부를 끝낼 것이다. 이때 아이들은 아무리 열심히 해도 공부가 끝나지 않는다고 느낀다.

더불어 능동성을 발휘한다고 일찍 끝나지도 않는다. 시험준비를 완벽하게 계획한 아이가 시험이 2주 남은 상황에서 시험 준비가 끝났다고 한다면, 과연 어떤 반응이 나올까? 정말로 능동적으로 공부하여 성취가 뛰어난 아이가 16살에 수능을 본다고 하면, 다수의 어른들은 어떤 반응을 보일까? 과연 아이들은 능동적일 수 있을까?

또한 능동적인 공부의 바탕은 호기심이다. 그러나 많은 아이들은 호기심을 빼앗긴다. 공부를 잘하는 것의 기준은 보통 시험의 결과이기 때문이다. 국어 공부를 하다가 옷장이 어떤 식으로 정리되어 있는지가 궁금해져서 옷장을 들여다본다면, 아마도 많은 부모님들은 아이가 딴짓을 한다고 생각할 것이다. 수학 공부를 하던 아이가 부모님의 월급을 묻거나, 살고 있는 집의 면적을 묻거나, 집의 가격을 물을 때도 아마 비슷한 상황이 벌어질 것이다.

물론 이런 장면 하나하나는 아이에 대한 배려도 담겨 있을 것이다. 어른들이 결코 나빠서 아이들에게 이런 행동을 하는 것이 아니기 때문이다. 내가 최선을 다한 만큼 아이들이 행복한 것을 원했을 것이다. 다만 사용하지 않는 기능은 점점 퇴화한다. 아이들의 호기심 하나하나를 미뤄놓거나 나쁜 것으로 치부하다 보면, 아이는 어떤 것도 궁금해하지 않을 것이다. 어른들은 아이들에게 능동적으로 사고하는 기회를 빼앗고선 능동적으로 공부하라고 하는 모순적인 행동을 하고 있다.

궁금한 건 못 참아!

그렇다면 문제를 어떻게 해결하면 좋을까? 답은 뒤집기이다. 타인의 여행 이야기를 30분간 듣고만 있는 것은 지루할 수 있다. 그러나 여행 이야기를 궁금해하는 사람에게 30분의 여행 이야기는 결코 지루한 이야기가 아닐 것이다. 산타 할아버지가 언제 오는지 묻는 아이들은 10번을 묻고 10번을 같은 대답을 들어도 지루해하지 않는다. 마찬가지로 선물을 기다리는 아이에게 기대하는 선물이 무엇인지 10번을 물어도 아이들이 짜증을 낼 가능성은 현저히 적을 것이다.

아이들은 참으로 다양한 것을 궁금해한다. 눈앞에 있는 컵 속에 무엇이 들어있는지 궁금해하고, 눈앞에 있는 버튼을 누르면 어떤 반응이 나오는지 궁금해한다. 잠을 안 자고 놀이터에서 더 놀고 싶은데 밤이 왜 이렇게 빨리 오는지 궁금해한다. 부모님이 언제 나가서 언제 돌아오는지 궁금해한다. 빨래가 어떻게 되는 건지, 돈이 있다는데 얼마나 있는 건지, 없다는데 얼마나 없는 건지 궁금해한다.

부모님의 월급을 묻는 아이에게 대략적인 금액을 말해주고 실제 금액과 비교해 준다면, 아이는 자연스럽게 어림에 관해 공부하게 될 것이다. 살고 있는 집의 면적을 궁금해한다면 간단하게는 길이를 재는 측정부터 복잡하게는 곱셈을 통해 면적을 구하는 공부를 하면 된다. 학교를 왜 가야 하는지 궁금해하는 아이와는 교육과 복지, 넓게는 국가에 대한 공부를 하면 된다. 물론 위 내용들은 모두 수능에서 활용할 수 있다.

아이들이 궁극적으로 공부해야 할 것은 세상이다. 지나가는 간판을 읽고 싶어 하고 궁금해하는 3살짜리 어린이에게, 한글은 1학년 때 공부해야 할 내용이라며 간판을 읽어 주지 않는다면 어떨까? 무엇인가 이상하게 느껴질 것이다. 시침, 분침을 보고 시간을 궁금해 하는 아이에게 3학년 수학을 배울 때까지 참으라고 하면 어떨까? 이상하지 않은가? 공부의 기준을 해야 하는 것에서 하고 싶은 것으로 바꾸면 아이의 호기심은 모두 재미있는 공부로 연결된다.

아이들이 세상에 대해 궁금해하는 것은 당연하다. 호기심은 생존 본능에 기인하기 때문이다. 당연하게 궁금해하는 것을 당연하게 알아가는 것은 지루해질 수 없다. 그리고 이는 모두 공부가 될 수 있다. 이렇게 시각을 확장할 경우 아이들이 궁금해하는 것 중에 쓸데없는 것은 없다. 모든 행동은 아이들이 세상을 배워나가는 과정이 된다.

질문하는 교실

큐앤알 수업을 하기 전 나의 교실은 나의 세상이었다. 나의 교실은 교사가 생각하는 최선의 교육을 교사가 생각하는 최선의 방식으로 제공하는 교실이었다. 비효율적인 행동은 최대한 배제하고 가장 효율적인 방법으로만 수업이 진행되었다. 학생들이 그대로 따라만 한다면 얼마든지 공부를 잘 할 수 있을 터였다. 그러나 학생들은 수업의 결과물을 만들어 내는 데 버거워했고, 평가 결과도 좋지 않았다.

나는 문제의 원인을 학생들에게서 찾았고, 학생들을 변화시키기 위해 노력했다. 더 많은 내용을 전달하고, 더 많은 습관을 들이려 하고 더 효율적인 방법을 찾아서 시도하였다. 그리고 오히려 학생들의 집중력이 더 떨어지는 것을 느꼈다. 학생들은 수업 시간을 싫어했고, 낙서를 하였으며, 꾸벅꾸벅 조는 아이까지 있었다.

의도와 결과가 다르다면, 중간에 무언가 행동이 잘못되었을 터였다. 학생들은 그저 학생들일 뿐이고, 잘못된 것은 나라는 생각이 들었다. 그리고 교실 속의 다양한 장면들을 천천히 검토해 보기 시작했다. 학생들은 분명 나에게 친밀감을 느꼈고, 쉬는 시간이 되면 어김없이 생생히 살아났다. 내가 쉬는 시간에 농담으로 이야기한 사소한 것들은 기가 막히게 기억했지만, 수업 시간에 여러 번 반복한 이야기는 기억하지 못하는 경우가 많았다.

학생들이 잘 기억하는 사소한 이야기들의 공통점을 찾아보았다. 학생들은 학생들 본인이 관심 있어서 먼저 물어본 이야기, 혹은 유심히 관찰한 끝에 한 이야기를 곧잘 기억했다. 혹은 스스로 생각해 보고 대답했던 나와의 대화를 잘 기억했다. 이와 큐앤알 수업이 깊은 연관이 있음을 생각하고 큐앤알 수업을 교실에 적용하기 시작했다.

가장 큰 변화는 수업 시간 동안 한 마디도 안 하던 학생들에게서 나타났다. 수업 시간에 다른 세상에 있던 것처럼 느껴지던 학생들이 수업 속으로 들어왔다. 혹시나 자신이 발표하게 될까 봐 시선을 피하고, 몸을 웅크리고 있던 학생들은 어느새 자기 생각을 이야기하고 있었다. 자신의 답이 틀릴까 봐 두려워 어떤 문제에도 답을 쓰지 않던 학생들 또한 무언가를 쓰고 그리기 시작했다.

두 가지 생각이 변화하기 시작했다. 공부를 하게 하기 위해선 공부를 하라고 말해야 하는 줄 알았다. 그러나 공부를 하기 위한 환경을 구성하여 하고 싶게 만드는 것이 효율적이다. 수업 시간에 아무것도 하지 않으려는 학생들은 문제아이고, 그들을 감시하고 잔소리해서 공부를 하게 만들어야 하는 줄 알았다. 그러나 그들은 그저 두려워서 무기력한 학생들이었다. 모두 똑같은 학생이자 모두 똑같은 사람이었다.

평생 잊지 못할 것 같은 경험도 하였다. 5학년이 시작하는 첫날부터 졸던 학생은 수업 시간에도 아무것도 하지 않았다. 교과서도 챙기지 않았고, 연필이 없는 경우도 있었으며, 당연히 과제도 수행하지 않았다. 다른 학생들도 이미 그 학생이 아무것도 하지 않을 것으로 생각했다. 모둠 활동이건 도움 활동이건 이 학생이 수업에 참여할 방법은 없는 것으로 보였다. 그뿐만 아니라 생활 면에서도 많이 부족했기 때문에 다른 학생들과 어울리는 데 어려워 보였으며, 다른 학생들과 자주 싸우곤 했다. 측은한 마음에 문제 상황이 발생했을 때 대화를 시도해 보았으나 역시나 쉽지 않았다. 나를 두려워하며 책상 밑으로 숨어 한 시간이고 두 시간이고 버티기 일쑤라 대화 자체가 진행되지 않았기 때문이다.

그 학생이 수업 과제로 글을 적고 그림을 그렸을 때, 그 감동을 아직도 잊지 못한다. 그 학생은 더 이상 아무것도 안 하는 학생이 아니었다. 다른 학생들도 그 학생을 문제아라고 생각하지 않고, 아직 모르는 것이 많은, 도와주어야 할 학생으로 생각하기 시작하였다. 학생의 생활 전반이 좋아졌으며, 친구들과 싸우는 횟수가 줄어들고, 더 이상 책상 밑에 숨지 않았다. 수업을 통해 단순히 공부를 가르치는 것을 넘어서 삶을 변화시킬 수 있다는 것을 느꼈다.

깊이 있는 질문 수업 큐앤알학습

제 2 부

제1장 큐앤알학습의 탄생과 시대적 요구

미래사회 인재는 다양한 분야를 두루 섭렵하고 영역을 넘나들며 지식을 통합하고 융합할 수 있는 능력이 필요하다. 국가의 경쟁력은 결국은 창의적 인재의 경쟁력이며, 기업이나 직장에서도 창의성과 인성을 겸비한 '훌륭한 전문인'을 요구하고 있다. 새로운 시대를 이끌어갈 창의·융합 인재 양성을 위하여 교육의 혁신이 필요하다.

교육 내부의 개혁과 혁신이 이루어지기 위해서는 무엇보다도 교실에서 수업이 변해야 한다. 바람직한 인성을 포함한 창의성을 기르기 위해서는 따로 특별한 시간을 내어 가르치는 것이 아니라 교육과정 안에서 모든 교사가 수업 시간에 자연스럽게 녹여 내는 것이 중요하다. 교육을 변화시킬 원동력은 외부에 있지 않고 교육 내부에 있다. 교육 내부의 필요에 의하여 자생적으로 이루어진 시도들이 교육을 변화시킬 수 있다. 교육의 변화는 공교육에서 실제로 수업을 하고 있는 교사들로부터 시작되어야 하고 누구나 적용할 수 있도록, 체계적이며 지속 가능해야 한다. 교사는 교육 변혁의 주체자로서 체계적이고 지속 가능한 질 높은 수업역량을 함양해야 한다.

전 세계적으로 미래사회를 이끌어갈 창의적인 인재 양성을 위하여 교육계에 새로운 교수-학습 방법들이 대두되고 있다. 그 대표적인 사례가 이스라엘의 하브루타(Chavruta), 거꾸로 학습으로 소개되고 있는 플립러닝(flipped learning), 모둠원의 협력을 중심으로 문제를 해결하는 문제 중심 학습(Problem Based Learning) 등이 있다. 그러나 이러한 학습 방법은 모두 외국에서 들어와 우리나라의 교육 현실과 괴리가 있는 것이 사실이다. 모든 수업에 적용하기에는 무리가 있으니 가끔 적용할 수밖에 없는 것이다. 이러한 학습 방법들을 시도해 본 교사들은 외국의 학습 방법이 좋기는 하지만 우리 교실 상황과 현실적인 여건을 고려할 때 수업 시간에 매 순간 적용하기에는 어려움이 많다고 지적하였다.

우리나라 교육과정은 각 교과별, 학년별로 성취기준을 제시하고 있으며, 교사는 성취기준을 달성할 수 있도록 수업을 계획하고 모든 학생들이 성취기준에 도달할 수 있도록 수업을 이끌어 가야 한다. 큐앤알학습은 단위시간에 성취기준과 학습목표에 도달할 수 있도록 우리 교육상황에 최적화시킨 학습 방법이다.

큐앤알학습의 탄생

수석교사로서 많은 수업을 컨설팅하면서 교육의 바람직한 변화를 위하여 모든 학생들이 누구나 한 번 이상 질문하고 설명하며, 재미있게 참여할 수 있는 학생 참여 중심 수업이 무엇일까를 고민하게 되었다. 이러한 고민은 교실 수업 개선에 뜻이 있는 연구회 교사들과 수석

교사들로부터 시작되었다. 저자(박순덕)는 전국단위의 연구회를 조직하여 학교 현장에 처음으로 큐앤이(Q&E)학습을 보급하였다. 실행연구를 토대로 '큐앤이학습에 대한 고찰' 논문을 발표하여 이론적 토대를 구축하였다. 큐앤이학습을 수업에 실천하고 꾸준히 문제점을 개선하고 보완하여 큐앤이학습보다 한 단계 업그레이드된 큐앤알(Q&R)학습이 탄생하게 되었다. 큐앤알학습은 21세기 미래사회에 대처하기 위한 교육으로 우리 교육 내부에서 수업의 변화를 주도한 수석교사들이 주축이 되어 자생적으로 개발한 독창적인 학습법이다. 모든 학생이 적어도 한 시간에 한 개 이상의 질문을 만들고 한 번 이상 설명하도록 하는 게 핵심이다.

큐앤알학습 모형 자세히 풀어 보기

학습의 시작=질문, 학습의 끝=반응(설명)
호기심을 가지고 언제 어디서든 질문하게 하라!

큐앤알학습은 학생의 요구, 맥락과 상황에 따라 재구성이 가능하다. 큐앤알학습은 학습의 모든 순간에 학생의 반응을 폭넓게 수용한다. 학습 단계는 탐색-반응, 질문-반응, 정리-반응으로 이루어진다. 큐앤알학습 모형은 다음과 같다.

큐앤알학습 교수-학습 모형

단계	주요 활동 내용	과정 중심 평가
탐색-반응	• 동기유발 • 학습 문제 확인 • 학습 활동 안내	학습 전 과정에 걸친 성취기준에 근거한 과정 중심 평가
질문-반응	• 질문 만들기(핵심 질문 포함) • 질문 나누기 • 짝활동, 모둠활동, 전체활동	
정리-반응	• 구조화·시각화하여 정리하기 • 정리한 것 말로 설명하기 • 다양한 방법으로 반응하기 • 정리하기	

■ 탐색-반응: 오늘 공부할 내용에 대해 탐색하기

탐색-반응에서는 전시학습을 상기시키거나 동기유발을 통해서 오늘 공부할 내용에 대하여 '이게 뭐지?', '어떻게 하는 거야?', '재미있겠다.', '빨리 해 보고 싶다.'라는 흥미와 관심을 불러일으키는 것이 중요하다. 모든 다른 수업에서와 마찬가지로 학생의 내적 동기유발은 수업의 성패를 가름하는 길이기도 하다. 교사는 학생이 오늘 공부할 문제나 내용에 대해 관심을 갖도록 안내한다.

■ 질문-반응

• 학습활동 전개

각 교과목과 교재 내용에 따라서 수업 활동이 다양하게 전개된다.

예를 들면 사회 교과서를 가지고 수업을 할 때는 교재를 읽는 시간이 필요하다. 수학 시간은 단위시간 배울 내용을 읽어 보고 문제를 풀어 나가는 시간이다. 실험 · 실습 수업은 실험하는 활동들이 전개된다.

- 질문 만들기: 학생 스스로 질문을 만드는 과정

아주 사소한 질문도 존중하여 고개 숙인 아이도 말문이 트이게 하라.

질문 만들기에서는 학생 각자가 그날의 교재(교과서, 혹은 교사가 재구성한 자료)를 읽고 분석하여 더 알고 싶은 것이나 궁금한 것, 이해 안 되는 점 등에 대하여 질문을 만든다. 한 시간에 질문의 양은 2~5개 정도가 적당하다. 이때 큐앤알학습에서는 질문의 범위를 반드시 학습 주제와 관련된 것으로 한정하는 것이 매우 중요하다. 학습 주제와 관련된 범위에서 깊이 있게 질문을 만드는 것이 핵심이기 때문이다. 처음에 학생들은 질문 만들기를 어려워한다. 이때 교사가 무턱대고 질문을 만들라고 하면 학생들은 질문이 없다고 답하기 쉽다. 다음과 같은 방법으로 쉬운 질문부터 시작하여 질문 만드는 방법을 가르치는 것이 좋다.

1단계: 교사와 학생이 한두 문장을 같이 읽고 "이 내용에 대해서 궁금한 것은 없니?", "더 알고 싶은 것은 없니?", "어떤 질문을 만들 수 있을까?", "다른 방법은 없을까?", "왜 이렇게 되는 걸까?", "여기에서 궁금한 점은 없을까?" 등등 질문을 던지며 교사가 질문을 만드는 시범을 보인다.

2단계: 학생과 같이 읽거나 활동 과정을 함께 하면서 궁금한 점을 찾아 질문으로 같이 만들어 본다. 질문 만드는 시간은 과목이나 학생 수준과 교재에 따라 다르지만 5분 내외가 적당하다. 중요한 것은 질문 내용을 단위시간 학습 목표와 성취기준에 도달할 수 있도록 교재 내용의 범위로 한정해야 한다는 것이다.

3단계: 학생 혼자서 읽거나 문제를 풀거나 활동을 하면서 질문을 만들어 적는다. 수업의 특성에 따라 다르긴 하지만 질문을 만드는 것과 서로 묻고 설명하는 전개 부분에서 단위 수업의 핵심적인 활동이 진행되므로 가장 많은 시간이 소요된다고 할 수 있다. 친구들과 질문을 하고 설명하는 과정에서 자기에게 도움이 되는 질문은 나의 질문으로 공책에 적도록 한다. 아주 쉽고 간단한 질문도 똑같이 소중하다는 분위기를 조성하여 쉬운 질문을 한 학생이 웃음거리가 되지 않도록 교사는 특별히 배려해야 한다. 학생 개인의 편차가 있으므로 교사는 학생에게 부담되지 않도록 하고 편안한 마음으로 질문을 만들도록 허용적인 분위기를 조성한다.

옆 친구, 모둠 친구에게서 해결되지 못한 질문은 교사에게 질문을 하고 교사는 학생의 질문을 받아 다시 한번 전체 학생들에게 말해준다. 그리고 이 질문에 대해 설명할 학생을 찾아 다른 학생이 설명할 기회를 준다. 이때 학습 목표와 직결되는 핵심 질문은 전체 학생들의 공책에 적어 공유하도록 한다. 질문 만들기는 다음과 같이 요약할 수 있다.

아주 쉽고 사소한 질문도 무시하지 않기, 질문은 교재 내용과 학습 주제로 한정하기, ~을 어떻게 하나요?(How?), ~은 무엇인가요?(What?), 왜 ~하나요?(Why?), 친구의 좋은 질문을 함께 적기, 필수학습 요소가 학생의 질문에서 나오지 않을 때 교사가 질문하기 등

- 질문 나누기: 만든 질문을 서로 묻고 설명하는 과정

질문을 만들고 친구의 질문에 반응하는 이 시간이 학습이 가장 활발하게 일어나는 시간이므로 편안한 분위기를 조성해주며 떠드는 소리는 허용한다. 질문을 만들고 반응(설명)을 하는 과정에서 잘하는 학생은 심화 학습으로 내면화되고 배움이 일어난다. 학습결손이 많은 학생은 잘하는 학생에게 배우는 기회를 갖고 자극을 받아 직접, 간접으로 학습에 긍정적인 영향을 미치게 되어 학력 수준을 높일 수 있다. 질문 만들기는 학생이 호기심을 가지고 꼼꼼하게 교재를 분석하여 질문을 만들기 때문에 건성으로 책을 읽는 습관을 고치고 문해력을 기를 수 있다. 그리고 책을 읽으며 생긴 의문점을 글로 씀으로써 의문은 더 명확해지고, 질문을 통해 의문점을 해소함으로써 비판적 사고와 분석력이 길러지고 그 내용은 더 명확하게 기억되어 장기기억에 저장된다.

만든 질문을 옆 짝이나 모둠 학생에게 묻고 답(설명)을 적는다. 모둠에서 해결되지 않은 질문은 학생 전체나 선생님께 질문한다. 즉 학생들이 오늘의 주제에 대하여 만든 질문을 받아서 설명하는 것을 말한다. 질문에 대하여 답을 말하라는 것이 아니고 설명을 하라는

것이 중요하다. 답은 정답을 요구하지만 설명은 내가 알고 있는 만큼만 말하면 되기 때문에 부담이 크지 않다. 큐앤알학습에서 설명하는 것은 상대의 질문이나 의견을 듣고 자신의 생각을 이유나 근거를 들어가면서 말하는 것이다. 요즘 수업에서 정답이 있는 수업을 하는 것을 지양한다. 학생이 설명하면서 답을 찾아가는 과정이 중요하다. 질문에 대답하는 것은 "예", "아니요"로 할 수 있지만 설명을 한다는 것은 학습자의 사고를 촉진하며 친구들과 함께 답을 찾아가는 과정이 된다. 답을 요구했을 때와 설명을 요구했을 때의 차이점은 다음과 같다.

대답(Q&A)과 설명(Q&R)의 차이점

Q & A(대답을 요구하는 질문)
교사: 5×5는 얼마입니까?
학생 1: 25입니다.

Q & R(설명을 요구하는 질문)
교사: 5×5를 설명해 봅시다.
학생 2: 5에 5를 곱한 값입니다.
학생 3: 5를 다섯 번 더한 값입니다.
학생 4: 가로와 세로가 5인 정사각형의 넓이입니다.
학생 5: 5를 다섯 번 더하거나 5에 5을 곱하면 25가 됩니다.

위의 예에서 보듯이 수업의 흐름이 단순한 정답을 요구하는 수업이어서는 안 된다. 저학년일 경우 쓰는 것을 어려워하면 말로만 해도 된다. 학생들의 수준과 맥락, 학습 상황에 맞게 적용하면 된다. 교사가 침묵하고 학생들이 말하고 설명하기 위해서 교사는 참고 기다려

줄 수 있어야 한다. 질문 나누기는 다음과 같이 요약할 수 있다.

- 친구끼리 서로 질문하고 설명하기(학생)
- 해결되지 않는 질문 전체 학생들에게 질문하기(학생)
- 설명할 친구 찾아 설명할 기회 주기(교사)
- 보충 설명하기(학생), 학습 자료 사용하여 보충하기(교사)

■ 정리-반응

• 구조화 · 시각화하여 정리하기

오늘 배운 내용을 학생들이 나름의 방법대로 구조화시키거나 시각화시켜 오늘 공부하면서 알게 된 내용을 학생 각자가 좋아하는 방법으로 정리하는 과정으로 매핑[1]으로 정리할 수 있다. 학생의 개인차와 수준을 고려하여 정리하기를 지도하는 것이 좋다. 같은 내용을 공부했지만 학생들의 정리하기는 모두가 다르다. 학생의 출발점이 다르고 배움이 일어난 정도가 다르기 때문이다. 처음에는 줄글로 쓰지만 익숙해지면 마인드맵이나, 그림, 도표, 분류, 비주얼 씽킹 등으로 지도해 나가는 것이 바람직하다.

1) 매핑(mapping)? 지도를 만들다, 그리다, 계획하다, 배치하다, 옮기다, 도표로 작성하다, 연관시키다 등으로 학생 나름대로 공부한 것을 정리하여 표로 제시하거나 그림을 그리는 것 등을 여기서는 매핑으로 정의한다.

• 정리한 것을 말로 설명하기

모든 학생이 자기 말로 설명하게 하여 메타인지를 활성화시켜라.

학생 각자가 정리한 내용을 말로 설명하여 수업을 마무리하는 과정이다. 서로 설명하기는 90% 이상이 장기기억으로 전환되는 가장 효과적인 학습 방법임이 학자들의 연구를 통하여 증명되었다.

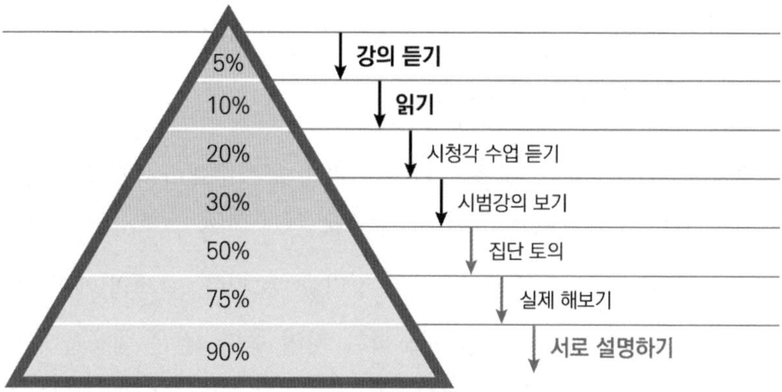

학습 효율성 피라미드

정리한 것을 옆 짝이나 모둠의 친구들, 전체 학생, 선생님 혹은 집에 돌아가 부모님께 설명함으로써 메타인지[2)]를 활성화시키고, 그날 학습 내용을 완전히 자기 것으로 만든다.

2) 메타인지(Meta Cognition)란? 상위인지를 뜻하는 말이다. 예를 들면 자신의 생각을 생각하는 것, 현재 자신의 상태가 어떤 상황인지를 아는 것, 자신이 아는 것과 모르는 것을 구분할 줄 아는 것, 지금까지 자신의 공부를 되돌아보고 정리해 보는 것 등을 말한다.

• 다양한 방법으로 반응하기

학생들은 제각기 다른 성향을 가지고 있다. 말하기를 좋아하는 친구도 있지만 자기가 배운 내용을 몸짓으로 표현하거나 노래로 정리하기를 좋아하는 친구도 있다. 여러 가지 방법으로 반응하기는 단위시간 내에 배운 내용을 여러 가지 방법으로 반응하고 정리하는 것을 말한다. 이렇게 단위 시간 내에 정리한 것을 자기 자신이나 짝, 모둠, 전체에게 설명하거나 다양한 반응으로 정리함으로써 수업을 마무리한다. 학생이 수업 목표나 성취기준 도달이 미흡하다고 생각되면 교사가 보충 설명을 한다.

큐앤알학습을 효과적으로 달성하기 위해서는 다음과 같은 몇 가지 포인트를 잘 활용하는 것이 좋다.

- 질문이 살아있는 교실을 만들어라.
- 모든 학생이 적어도 한 시간에 한 개 이상의 질문을 만들도록 하라.
- 아주 사소한 질문도 존중하여 고개 숙인 아이도 말문이 트이게 하라.
- 학생의 질문에 반드시 긍정적인 피드백을 하여 학습에 대한 동기유발로 직결시켜라.
- 잘 듣는 것이 모든 학습의 기본이므로 효과적인 경청의 기술을 가르쳐라.
- 수업 정리에서 모든 학생이 자기 말로 설명하게 하여 메타인지를 활성화시켜라.

큐앤알학습의 시사점

호기심과 질문은 인간의 생존요건

질문의 중요성은 누구나 다 공감하고 있다. 질문의 중요성은 고대 그리스의 소크라테스의 문답법에서 그 기원을 찾을 수 있다. 플라톤의 대화편, 〈메논 Meno〉에서는 소크라테스가 어느 소년에게 지속적인 질문을 통하여 답을 이끌어 내는 것이 나온다. 이처럼 질문의 중요성은 아무리 강조해도 지나치지 않다. 모든 학문의 시작은 질문이라고 할 수 있다. 우리 사회에서 필요로 하는 소통과 공감도 모두 처음엔 자연스러운 질문으로 시작된다. 오늘날 국제적으로 성공한 사람들은 질문을 잘하는 사람들이라고 한다.

이렇게 중요한 질문 잘하기는 언제부터 가르쳐야 하는 걸까? 질문 만들기는 기초 교육이 이루어지는 초등학교에서부터 길러 주어야 한다. 그래야 어떤 자리에서든지 자신의 궁금점을 당당하게 질문할 수 있게 된다.

요즘의 학생주도 수업에서는 모든 초점이 학생에게 맞추어지고 질문을 학생 스스로가 만들고 이것이 점차 누적되어 질 높은 질문을 생성할 수 있어야 한다. 모든 학생이 개별적인 질문 만들기로 시작하는 큐앤알학습에서 모든 질문은 다 나름대로 가치가 있으며 아무리 하찮은 질문이라도 질문을 하는 당사자에게는 아주 중요하다. 모든 질문은 다 소중하고 가치 있다. 어떤 질문이라도 다 수용하는 교육

풍토가 조성되어야 한다.

뇌과학적으로 모든 동물은 호기심의 유전인자를 가지고 있다고 한다. 사람도 유전적 요인에 호기심이 들어 있다고 한다. 그러니 호기심은 누가 가르쳐주는 것이 아니라 모든 사람이 자연스럽게 가지고 있는 타고난 것이라고 할 수 있다. 바로 호기심을 표현하는 것이 질문이다. 호기심과 질문이 인간의 생존을 위해 꼭 필요한 요건이라고 말한 수잔 엥겔(Susan Engel, 2015) 교수는 학교교육은 학생들의 질문이 활발하게 일어날 수 있게 도와주어야 한다고 말했다. 학교 수업이 변하는 길은 수업에서 모든 학생이 어떤 질문이든 맘 놓고 할 수 있는 허용적이고 자유로운 분위기를 조성하는 일이다.

제2장 큐앤알 수업 사전 준비 팁

아주 사소한 질문도 존중하라

고개 숙인 아이도 말문이 트이는 수업

모든 질문은 다 나름대로 가치가 있다. 아무리 하찮은 질문이라도 질문을 하는 당사자에게는 매우 중요하다. 일반 수업에서 질문을 하기란 대단한 용기가 필요한 일이다. 모든 학생이 질문을 하는 큐앤알 수업에서 교사는 학생이 하는 모든 질문을 존중하고 귀 기울여 들어 주어야 한다. 아주 사소한 질문이 받아들여지고 존중될 때 학생들은 다음 질문을 하게 된다. 질문에는 좋은 질문과 나쁜 질문이 없다. 질문은 그 자체로 가치가 있다.

질문으로 시작하는 큐앤알학습은 우선 모두가 자유롭다. 보통 질문은 학생이 교사를 향하여 모르는 것이나 궁금한 것을 묻도록 되어 있기에 학생이 선생님께 질문하기는 쉽지 않다. 그냥 좀 궁금해도 넘어가는 학생들이 대부분이다. 그런데 질문의 상대가 옆에 앉은 친구일 때는 부담 없이 질문할 수 있다. 큐앤알학습에서는 수업에 소외된 채 고개 숙이고 말없이 앉아있던 아이도 말문을 트기 시작한다.

학생의 질문에 반드시 긍정적 피드백을 하라

긍정적인 경험은 학습에 대한 내적 동기 유발로 직결된다.

심리학 동기 이론에 보면 모든 사람은 자율성, 유능성, 관계성이라는 심리적 욕구가 있다. 사람은 누구든지 잘하고 싶은 욕구가 있는데 이것을 유능성이라고 한다. 유능성을 지지하는 것은 주로 사람들이 진보를 이룰 때 피드백을 제공하고, 학생들에게 최적의 도전이 주는 기쁨을 즐길 수 있는 기회를 만들어 주는 기능을 한다. 학습에 있어서 칭찬과 긍정적인 피드백은 유능성에 대한 지각을 강화시키는 반면, 비난과 부정적인 피드백은 그것을 위축시킨다(Johnmarshall Reeve, 2011).

큐앤알학습에서는 모둠에서 해결되지 않은 질문에 대해서는 전체 학생에게 질문하도록 하는 기회를 갖게 된다. 이때 교사는 학생의 질문을 받아서 그대로 학급 전체에게 큰 소리로 말해주기 전에 질문한 학생에 대해서 반드시 칭찬과 함께 긍정적인 피드백을 하는 것이 중요하다. 학생이 자기가 한 질문에 대해 긍정적 피드백을 받았을 때, 그 학생은 기쁨을 느끼고, 공부에 흥미를 느끼게 된다. 또한, 자긍심을 가지게 되고 공부를 계속하고자 하는 의욕이 생기게 된다.

효과적인 경청의 기술을 가르쳐라

잘 듣는 것이 모든 학습의 시작이다.

모든 대화의 첫 번째는 경청이다. 잘 듣기는 질문을 만드는 것만큼이나 중요하다. 큐앤알 수업을 시작하기 전에 학기 초부터 효과적인 경청의 기술을 가르쳐야 한다. 수업 시간에 잘 듣기 훈련, 경청의 기술을 가르치는 것이 큐앤알학습을 성공시키는 요인 중의 하나가 된다. 수업 시간에 학생이 발표를 할 때 다른 학생들이 잘 듣지 않아서 효과를 보기 힘들 때가 종종 있다. 학기 초부터 상대방이 말을 하거나 발표를 할 때 상대방의 의견을 존중하고 배려하며 잘 듣는 태도를 길러주어야 한다. 효과적인 경청의 기술은 여러 가지 방법이 있는데 학생들의 수준과 상황에 맞는 방법을 선택하여 훈련시켜야 한다.

설명할 수 없는 배움은 배움이 아니다

설명을 통해 메타인지를 활성화시킨다.

내가 알고 있는 것을 말로 설명할 수 없으면 아는 것이 아니다. 내가 안다고 생각하는 것도 막상 말로 설명하게 되면 앞뒤 맥락이 맞지 않고 논리적으로 설명하기 어렵다. 큐앤알학습은 내가 오늘 배운 것을 다양하게 표현하고, 말로 설명하게 함으로써 완전히 내 것으로 만든다.

말로 설명하면 내가 아는 것과 모르는 것, 필요한 것과 필요 없는 것이 생각으로 정리가 되면서 분명해진다. 즉 내가 확실하게 알고 있는 것과 알고 있다고 착각하는 것을 구분할 수 있는데 이것은 '메타인지' 때문이다. 큐앤알학습은 질문하기를 통하여 창의성을 향상시키고, 반응하기를 통하여 메타인지를 강화시켜 그날 배운 것을 완전 학습에 이르게 하는 최상의 학습법이라고 할 수 있다.

따라서, 학생들에게 직접 말로 설명할 수 있어야 진정으로 내가 아는 것이라고 강조해둔다. 수업 시간에 배운 내용을 글로 정리하는 것뿐만 아니라 말로 설명해보도록 연습시킨다.

가르쳐주는 사람에 대한 경계심을 허물어라

"질문 있는 사람?"의 의도를 정확하게 파악하도록 한다.

많은 아이들은 자신이 모르는 것을 노출하는 데 경계심을 갖는다. 혼나는 경험과 직결되는 경우가 많기 때문이다. 혹은 놀림 등의 곤경에 처하는 일도 잦기 때문이다. 그렇기 때문에 "질문 있는 사람?"에 대한 의미를 곡해할 수도 있다.

그렇기 때문에 어떤 질문을 해도 일단 질문의 형태를 갖춘다면, 괜찮다는 것을 꾸준히 인지시켜야 한다. 궁금한 것이 있어도 물어봐도 되는지 안 되는지 파악을 못 하여 질문이 나오지 않을 경우 수업은 다시 원점으로 돌아가고, 가르쳐 주는 이와 배우는 이가 평행선을 달리게 된다.

규칙을 정하라

모든 것을 허용해 줄 수는 없다.

허용적인 분위기를 조성해야 하지만, 말 그대로 모든 것을 허용해 줄 수는 없다. 시간이란 자원엔 한계가 있기 때문이다. 처음엔 최소한의 규칙만 정해주는 것이 좋다. 손을 들고 말하기, 어미를 질문하는 형태로 만들기 등으로 시작한다. 그러나 반복적으로 수행하다 보면 비슷비슷한 것들이 많이 나오기 마련이다. 그런 것들을 큰 덩어리로 통합하여 적은 질문으로 효율적으로 배울 수 있게 노력해야 한다. 마치 1+1+1+1+1+1을 1×6으로 바꾸어 쓰듯이 말이다.

또한 형식은 따르되 내용이 질문이 아닌 경우, 혹은 상대방을 기분 나쁘게 하는 경우가 있을 수 있다. 운전 면허를 발급받았다고 하여 음주운전을 해도 되는 것이 아니듯이, 질문의 내용이 비도덕적인 경우엔 다른 질문으로 바꿀 수 있도록 유도한다.

질문을 통제하기보다 답변을 통제하라

처음부터 기준이 많다면 아이들은 어떤 질문도 못 한다.

큐앤알 수업을 처음 시도할 경우 아이들의 질문이 너무나도 무의미하게 느껴질 수 있다. 똑같은 질문도 많이 나올 것이고, 수업의 주제와 관련이 없는 질문이 엄청나게 쏟아져 나올 것이다. 그리고 일부 교사에게 이는 시간낭비로 느껴질 수 있다. 그러나 모든 능력은 많은 시도가 있어야 향상된다. 질문도 마찬가지로 많이 시도해야 잘 할 수 있다.

하지만 모든 질문을 다 받아주기엔 시간이 부족하다. 그렇기 때문에 비슷한 질문은 한번에 묶어서 답변해주거나, 해당 질문을 해결할 수 있는 시간을 안내하는 것으로 답변 시간을 줄일 수 있다. 배움 주제와 관련이 없는 질문들에 학생들이 머물고 있다면, 해당 질문을 교사가 답변해주고 새로운 질문으로 이어나가는 방법도 있다. 이런 방식을 통해 학생들의 질문 연습과 수업시간 확보, 배움 목표 달성을 모두 이뤄낼 수 있다.

제3장 큐앤알 수업 질문 만들기 팁

큐앤알 수업에서 질문은 수업의 시작이다. 하지만, 다짜고짜 수업 주제에 대해 질문을 만들어 보라고 하면, 아이들은 당황한다. 그동안 수업 시간에 질문을 해본 적이 없기 때문이다. 아주 어렸을 적 부모님과 유치원 선생님께는 무수히 많은 질문을 했던 것 같은데, 어느 순간부터 질문하는 방법을 잊어버린 아이들. 질문하는 방법부터 다시 배워야만 한다.

또한, 질문과 함께하는 교실을 위해서는 학생들이 호기심을 갖고 질문을 하는 교실 분위기를 만들어야 한다. 교실에서는 다양한 질문들이 나오지만, 질문하는 아이들은 소수의 몇 명으로 정해져 있는 경우가 많다. 그리고 아이들은 질문을 만드는 것, 질문을 말하는 것에 어려움을 가지고 있다. 그래서 모든 아이가 질문에 대해 긍정적인 경험을 할 수 있도록 질문 게임을 통해 질문과 친해지도록 해보자.

까만 놀이, 까까 놀이

까만 놀이: "~다."로 끝나는 문장을 "~까?"로 바꾸어 말하는 놀이이다. 글을 읽을 수 있는 학년의 경우 교과서를 한 문장씩 읽고, 그 문장을 "~까?"로 바꾸어 다시 읽는 것이다. 예를 들어, "태조 왕건은 고려를 건국했다."라는 문장을 읽고, "태조 왕건은 고려를 건국했을까?"로 바꾸어 읽는 것이다. 한글을 배우는 시기의 1~2학년은 교사가 한 문장을 읽고, 그 문장을 아이들이 "~까?"로 바꾸어 말하도록 한다. 예를 들어 다음과 같이 할 수 있다.

교사: 봄에는 개나리를 볼 수 있습니다.
학생: 봄에는 개나리를 볼 수 있습니까?
교사: 봄에는 진달래를 볼 수 있습니다.
학생: 봄에는 진달래를 볼 수 있습니까?

까까 놀이: 친구와 번갈아 "~까?"로 끝나는 질문을 하는 놀이이다. 상대방의 질문에 대답하지 않고 질문의 문장만 주고받는 놀이이다. 단, 앞사람과 같은 질문을 똑같이 하거나 조금만 바꿔서 하지 않는다. 또한 질문 만드는 것이 능숙해지면 예, 아니오로 대답이 나오는 질문보다 다양한 답변이 나올 수 있는 질문을 만들도록 한다. 예를 들어 다음과 같이 놀이할 수 있다.

학생 1: 어떤 그림책을 가장 좋아합니까?
학생 2: 가장 좋아하는 동물은 무엇입니까?

학생 1: 어떤 계절을 좋아합니까?
학생 2: 1학년 때 몇 반이었습니까?
학생 1: 이번 주말에 어떤 일을 하고 싶습니까?

질문 꼬리잡기

질문 꼬리잡기는 친구의 질문에 답을 하고, 그것과 연관된 질문을 다시 친구에게 하는 것이다. 질문 꼬리잡기는 다음과 같이 할 수 있다.

학생 1: 너는 쉬는 시간에 주로 무엇을 하니?
학생 2: 나는 책을 읽는 것을 좋아해. 네가 가장 감명 깊게 본 책은 무엇이니?
학생 1: 나는 『알사탕』이라는 책이 가장 기억에 남아. 네가 알사탕을 먹게 된다면 누구의 목소리를 듣고 싶니?
학생 2: 나는 우리 언니 마음의 소리를 듣고 싶어. 요즘 싸워서 서로 말을 안 하거든. 너는 싸우고 나면 어떻게 화해하니?

생활 주변의 사물에 관해 질문 만들기

학생들은 평소 쉬는 시간에 많은 것을 선생님에게 물어보지만, 수업 시간에 하는 질문은 무언가 대단한 것처럼 느낀다. 그러나 자신의 주변에서 자주 접하는 사물이나 관심 대상에 대해 질문 만들기 연습을 하면 친숙하게 활동할 수 있다. 다음과 같이 질문 만들기 활동을 할 수 있다.

> 교사: 우리 주변에서 쉽게 볼 수 있는 연필에 대해 질문을 만들어 볼까요?
> 학생 1: 어떤 회사에서 만든 연필일까?
> 학생 2: 연필을 처음 발명한 사람은 누구일까?
> 학생 3: 연필 뒤쪽에 지우개가 있으면 진짜 편할까?
> 학생 4: 연필 안에 연필심은 어떻게 가운데에 넣을까?

황당한 질문이 나오더라도 허용적인 분위기를 잘 유지하는 것이 중요하다. 나아가 실제 학생들이 수업에서 활용하는 교과서에 관해 질문 만들기를 이어나갈 수 있다.

> 교사: 수학 교과서에 대해 질문 만들기를 해볼까요? 수학 교과서를 보고 궁금한 것들을 질문해 보세요.
> 학생 1: 수학 교과서는 왜 만들었을까?
> 학생 2: 3학년 수학 교과서에 왜 또 덧셈, 뺄셈이 있을까?
> 학생 3: 수학 교과서는 보기만 해도 왜 이렇게 머리가 아플까?
> 학생 4: 수학 교과서는 누가 만들까?

주변의 인물과 관련된 질문 만들기

자신이 좋아하는 인물에 대한 질문 만들기는 다음과 같이 할 수 있다.

교사: 요즘 여러분들은 어떤 연예인을 좋아하나요? 각자 자신이 좋아하는 연예인에 대한 질문을 만들어 볼까요?
학생 1: OOO는 왜 잘생겼을까?
학생 2: OOO이 좋아하는 음식은 무엇일까?
학생 3: OOO의 이상형은 어떤 사람일까?
학생 4: OOO의 집은 얼마나 넓을까?

위와 같은 활동을 통해 자신을 표현할 수 있는 계기를 마련함과 동시에 좋아하는 인물을 생각하며 질문 만들기에 즐거움을 느낄 수 있게 된다.

관심 있는 사건을 통한 질문 만들기

사건이나 내용 중심의 질문 만들기를 연습하기 좋은 활동이다. 학생들에게 관심 있는 주제에 관해 질문을 만들어 보라고만 하면 주제 선정 및 범위 조절에 어려움을 겪는다. 현재 화제가 되는 소재에 대해 질문 만들기를 하는 것이 좋으며, 이와 관련된 뉴스, 신문 기사 등 사전 정보를 제공해 준다면 질문이 더욱 풍성해진다.

교사: 오늘 아침 뉴스를 보니 일본이 독도를 자신의 땅이라고 주장하며 '다케시마의 날'을 홍보했습니다. 이와 관련하여 질문을 만들어 봅시다.
학생 1: 일본은 왜 독도를 자기네 땅이라고 우기는 걸까?
학생 2: 다케시마가 무슨 뜻일까?

학생 3: 일본 학생들은 정말 독도가 일본 땅이라고 배울까?
학생 4: 우리나라도 독도를 홍보하고 있을까? 어떻게 홍보하고 있을까?

줄 그으면서 질문 만들어보기

아이들이 질문을 만드는 쉬운 방법 중 하나는 교과서 혹은 책의 지문을 그대로 활용하는 내용 확인 질문을 만드는 것이다. 예를 들어 교과서 내용의 일부 지문을 활용하여 질문을 만들면 다음과 같다.

날마다 엄마와 함께 버스를 타고 가는 사라는 항상 버스 뒷자리에만 앉아야 했습니다.
→ 사라는 왜 항상 버스 뒷자리에 앉아 학교에 가야 했을까?

앞자리에는 백인들만 앉을 수 있도록 법이 정하고 있기 때문입니다.
→ 왜 법은 앞자리에 백인만 앉을 수 있도록 정해졌을까?

하지만 사라는 그 법이 옳지 않다고 생각해 어느 날 뒷자리에서 일어나 나아가 앞자리에 앉았습니다.
→ 사라는 왜 뒷자리에서 나아가서 앞자리에 앉았을까?

위와 같이 교과서나 책에 있는 문장을 그대로 활용하면 질문을 만드는 것이 어렵지 않으며, 이 질문은 내용 확인 질문이 되므로 학생들이 대답하며 내용을 파악하는 데 도움이 된다.

배움 목표를 보고 한 문장으로 질문 만들기

처음에는 모든 질문을 허용해 주고 학생들이 편안하게 질문할 수 있는 분위기를 조성해 준다. 그 후 학생들이 질문 만드는 것에 대한 부담감을 내려놓았다면 핵심 질문을 만드는 방법을 간단하게 연습한다. 질문의 폭을 열어놓는 것은 좋지만 배움 목표에서 벗어난 질문에 시간을 할애하느라 목표에 도달하지 못하면 성공한 수업이라고 할 수 없다. 배움 목표는 성취 기준에 도달하기 위한 하나의 방법이다. 효과적으로 시간 단위 안에 배움 목표에 도달하기 위해 우리는 큐앤알학습을 활용한다. 따라서 배움 목표를 관통하는 핵심 질문을 만드는 것이 중요하다.

방법은 간단하다. 배움 목표 문장을 그대로 활용하는 것이다. 예를 들어 배움 목표가 '촌락과 도시의 공통점과 차이점을 알아봅시다'라면 다음과 같이 핵심 질문을 만들 수 있다. '촌락과 도시의 공통점은 무엇인가요?', '촌락과 도시의 차이점은 무엇인가요?' 이렇게 배움 목표를 그대로 활용해서 질문을 만든다면 아이들은 이 질문에 대답하기 위해 교과서의 내용에 집중하고 답을 찾아낼 것이다. 배운 내용을 말로 설명함으로써 메타인지를 활성화해 누구보다 확실하게 배움 목표에 도달할 수 있다.

질문 분류하기

학생들이 적은 질문을 비슷한 것끼리 모아보도록 한다. 모둠 안에서 학생들이 직접 모으도록 할 수도 있고, 칠판에 질문을 붙이면서 다 함께 해볼 수도 있다. 비슷한 질문끼리 모아서 분류하는 활동을 통해 학생들은 자연스럽게 다양한 질문의 종류를 확인해 볼 수 있다. 이 활동을 통해 다양한 형식의 질문에 대해 알 수 있고, 질문을 만들 때 참고할 수 있다. 또한, 배움 목표를 관통하는 핵심 질문을 학생이 적었다면, 교사가 언급해 주는 것도 좋다. 핵심 질문을 모델링함으로써, 학생들의 질문의 양뿐만 아니라 질도 높일 수 있다.

정답이 있는 질문과 정답이 없는 질문 만들어보기

학생들이 만드는 질문은 정답이 있는 질문과 없는 질문 두 가지로 분류할 수 있다.

첫째로, 글의 내용을 통해 알 수 있는 내용 확인 질문, 즉 정답이 있는 질문이다. 정답이 있는 질문은 글 속에서 답을 찾을 수 있는 질문이며 내용을 이해했는지 확인하기 위한 질문이다. 정답이 있는 질문을 통해 제시문을 꼼꼼하게 읽고 내용을 잘 이해할 수 있고, 학생들의 문해력과 독해력도 높일 수 있다.

두 번째로, 글의 내용을 바탕으로 상상하고 생각하여 답해야 하는 상상 질문, 즉 정답이 없는 질문이 있다. 정답이 없는 질문은 학생들의 다양한 생각을 끌어내고 창의성을 키울 수 있다.

정답이 있는 질문과 정답이 없는 질문을 각각 만들어 보는 활동을 통해 학생들은 다양한 질문의 형태를 이해하고, 문해력과 창의성을 함께 기를 수 있다.

육하원칙으로 질문 만들기

학생들은 질문을 만들 때 자연스럽게 육하원칙을 사용한다. 그러나 습관적으로 활용되는 언어들은 그 의미가 불분명할 수 있기 때문에 육하원칙을 사용하는 범례와 학습에 있어, 어떻게 적용하는지를 미리 연습해 보는 것이 좋다. 이를 통해, 학생들은 언어를 사용하여 질문을 만드는 단계에서부터 언어의 정확성을 따져보고 배경지식을 동원한 사고 작용이 활발해질 것이다. 육하원칙을 이용하여 질문 만들기는 질문의 의도나 사유의 방향을 명확히 함으로써 문장의 형태를 완성하기 좋다. 다시 말해, 육하원칙이 드러나도록 문장을 만드는 것만으로도 학생들은 질문의 문장 구조를 쉽게 익힐 수 있으며 보다 정선된 문장을 만들 수 있다.

사전학습: 수학 교과서 32~34쪽 읽기
배움 주제: 823-535를 계산하는 방법을 설명할 수 있다.
학생 1: 823-535는 왜 해야 하는가?
학생 2: 823-534는 어떻게 할 수 있는가?
학생 3: 일의 자리 숫자가 뒤의 수가 더 클 경우는 어떻게 하면 되는가?

학생 4: 981-348은 얼마일까?
학생 5: 교과서 32쪽의 그림이 의미하는 것은 무엇인가?

학습의 주제가 구체적일수록 질문 만들기가 쉽지 않은 경우가 있는데, 위의 예시가 그런 때에 해당한다고 할 수 있다. 그러나 육하원칙을 통하여 문장을 다듬었기에 정선된 질문이 된 것을 확인할 수 있다. 또한 육하원칙으로 질문 만들기를 하다 보면 질문 간의 관련성이 생기게 되어 위계 있는 질문들을 만들 수 있게 된다. 이는 배움 문제를 해결할 방법을 쉽게 찾게 해줄 뿐만 아니라 학생들이 배운 내용을 말로 설명할 때 보다 효율적인 방법을 사용할 수 있도록 도와주는 효과를 볼 수 있다.

핵심 질문으로 퀴즈 만들기

배워야 하는 개념이 많은 단원에서 단원 마무리 활동 시 활용하면 좋은 활동이다. 해당 교과서 내용을 다시 읽고 중요한 내용을 핵심 질문으로 만든다. 문제 형식은 사지선다(1~4번 객관식 문제) 또는 주관식 형태로 아이들이 직접 만든다. 아이들이 낸 문제들로 골든벨 퀴즈를 만들어서 함께 문제 풀기 놀이를 한다. 교실에서 골든벨 퀴즈로 진행할 수 있고, 스마트기기를 활용하여 온라인으로 진행할 수도 있다. 내가 만든 문제를 친구들과 함께 푼다는 생각에 평소보다 더 집중해서 문제를 만드는 아이들의 모습을 볼 수 있다. 내가 낸 문제의 답은 나만 알기 때문에 잘 만들면 퀴즈에서 훨씬 유리하게 점수를 얻게 될 수 있다. 따라서 아이들이 신중하게 문제를 만들고, 의욕적으로 활동에 참여한다. 그리고 퀴즈에서 내가 만든 문제가 나왔을 때, 무척이나 뿌듯해하며 자신감을 갖게 된다.

제4장 큐앤알 그림책 수업 구상하기

큐앤알학습을 적용하기에 아주 좋은 수업이 바로 '그림책 수업'이다. 큐앤알 그림책 수업은 그림책을 읽기 전, 중, 후에 학생들이 궁금한 것, 더 알고 싶은 것을 '질문'으로 만들고 친구들과 상호작용하며 다양한 활동(반응)을 해나가는 수업이다. 본격적인 수업 사례들을 소개하기에 앞서 큐앤알 그림책 수업에 대한 전체적인 흐름을 안내하고 수업을 디자인해나가는 방법을 설명하고자 한다.

준비하기

큐앤알 그림책 수업을 준비하며 제일 먼저 해야 할 일은 '성취 기준과 배움 목표 정하기'이다. 학년별 성취 기준을 살펴보고, 성취 기준을 분석한다. 이 수업의 배움 목표를 정하고 연계할 수 있는 교육과정 성취 기준을 뽑아낸다. 배움 목표와 성취 기준이 정해졌으면, 수업에 알맞은 그림책을 정한다. 그림책을 정할 때는 동 학년 또는 동료 교사와 몇 권의 그림책을 정독한 후에 동 학년 협의를 통해 선정해야 한다. 아이들의 학습 수준에 적절한 그림책을 선정하되 다양한 질문과 반응을 끌어낼 수 있는 그림책을 선택한다. 그림책이 정해졌으면 큐앤알 수업 단계에 맞는 활동을 구상하고 배움 목표를 달성하기 위한 핵심 질문을 생각해 본다. 수업 중 활동에서 학생 활동지가 필요할 경우 큐앤알 수업 단계에 맞춰 학습지를 만들고, 과정 중심 평가에 맞게 평가 계획을 세우면 된다.

수업 흐름 구상하기

수업 흐름을 구상할 때는 그림책을 읽기 전, 읽기 중, 읽기 후에 학생들이 할 활동을 구상한다. 또한, 학생들이 질문 나누기 활동을 할 때 질문 나누기를 누구와 할 것인지 그 방식도 미리 생각해 두면 좋다. 기본적으로 짝과 질문 나누기, 모둠 친구들과 질문 나누기, 학급 전체에서 자유롭게 질문 나누기를 할 수 있다. 또한, 다양한 친구들과 질문을 나눌 수 있도록 교사가 의도적으로 짝을 정할 수도 있다.

다양한 친구들과 질문 나누는 방식

- 아이들 학습지에 간단한 기호나 숫자를 미리 써두고 같은 기호나 숫자를 가진 친구끼리 만나서 질문 나누기
- 동성 친구 2명, 이성 친구 2명과 질문 나누기
- ㄷ 자 교실 구조에서 한 명씩 옆으로 이동하며 질문 나누기(회전 초밥 형식)

읽기 전 활동 예시

① **그림책 제목 맞히기**: 그림책 표지에서 그림만 남기고 제목을 지운 후에 아이들이 맞혀보도록 한다. 제목에는 그림책의 핵심적인 내용이나 중요한 키워드가 담기기 때문에 그림책 제목을 유추해 보며 표지를 더욱더 자세히 관찰해 볼 수 있다. 또한, 그림책 제목을 보고 그림책의 내용을 짐작해 볼 수도 있다.

② **제목 단어로 생각 그물 만들기**: 그림책 제목을 알고 난 후에는 머릿속에 떠오르는 단어들로 생각 그물을 만들어 본다. 『여름이 온다』라는 그림책으로 수업한다면 핵심 단어인 '여름'을 가지고 생각 그물을 그려볼 수 있다. 수영장, 여름방학, 태풍, 수박, 팥빙수, 아이스크림, 에어컨 등등… 여름과 관련된 나의 경험을 떠올려보며 자연스럽게 생각이 열리게 된다.

③ **그림책 표지 보고 질문 만들기**: 읽기 전 활동 중 핵심이라고 할 수 있다. 그림책의 앞표지, 뒤표지를 자세히 관찰하며 궁금한 점을 질문으로 만들어 보도록 한다. 그림책의 표지에는 제목과 그림이 그려져 있는데 이는 그림책의 아주 핵심적인 내용을 담고 있는 경우가 많다. 아이들은 본격적으로 그림책을 읽기에 앞서 그림책의 표지를 보면서 많은 호기심을 갖게 된다. 질문을 만들고 친구와 설명해 보면서 그림책의 내용을 상상해 보고 그림책 내용에 대해 더 많은 기대를 하게 된다.

④ **그림책 표지 보고 뒷이야기 상상하기**: 그림책 표지를 보고 친구와 질문하고 설명해 보는 과정을 통해 아이들의 상상력이 가득해졌다. 상상력을 구체화하도록 아이들에게 그림책 이야기를 상상해서 표현해 보도록 한다. 글로 적을 수도 있고, 네컷만화로 그려볼 수도 있고, 아이들이 각자 원하는 방식으로 표현할 수 있다. 같은 그림책 표지를 보고 상상하였지만, 아이마다 아주 다양한 이야기가 펼쳐지는 것을 볼 수 있을 것이다.

⑤ **책 속 장면 골라서 이야기나 대사 상상해 보기**: 그림책 속에 나오는 몇몇 중요한 장면을 뽑아내어 준비한다. 아이들에게 그림만 보여주고, 그림에 있을 이야기나 인물의 대사를 상상하여 적어보라고 한다. 그림 하나를 가지고 한 편의 재미난 이야기를 풀어쓰는 아이도 있다. 다양한 상상력이 반짝이는 수업을 만들어 갈 수 있으며 이런 활동을 통해 아이들은 그림책의 내용에 더 큰 흥미를 느끼게 된다.

읽기 중 활동 예시

① **마음에 드는 부분에 붙임종이 붙이기**: 그림책을 읽어가며 마음에 드는 부분, 질문이 떠오른 부분 등에 작은 붙임종이를 붙이도록 한다. 이 활동을 통해 그림책을 읽고 나서 질문을 만들 때 붙임종이를 붙여둔 페이지를 보면서 쉽게 아이디어를 떠올릴 수 있고, 순간순간 떠오른 내 생각과 느낌을 놓치지 않을 수 있다.

② **'잠깐만' 붙임종이 붙이기**: 위와 비슷한 활동으로, '잠깐만' 붙임종이는 조금 더 크기가 큰 붙임종이를 가지고 활동을 한다. 그림책을 함께 읽어가다가 질문이 떠오르면 "잠깐만!"을 외치고 붙임종이에 질문을 적어서 해당 장면에 붙임종이를 붙여둔다. 이렇게 질문을 붙임종이에 적어두면 그림책을 읽는 동안 떠오른 질문을 놓치지 않고 기억할 수 있다.

③ **등장인물의 감정 알아보기**: 아이들과 그림책을 함께 읽을 때는 그림책 장면에 아이들이 집중하고 있는지 확인하기 위해 질문을 던진다. 중간중간 중요한 장면에서 등장인물이 어떤 감정일지 물어보면 아이들이 더욱 이야기에 몰입할 수 있다.

④ **나의 경험 나누기**: 인물의 감정을 더 잘 느끼기 위해 인물이 처해 있는 상황과 비슷한 나의 경험을 떠올려 보도록 한다. 나는 그때 어떤 마음이었는지 떠올려보면 지금 인물이 어떤 마음인지 더욱 잘 공감할 수 있다.

⑤ **나라면 어떻게 했을까?**: 인물의 말이나 행동에 대해 아이들이 비판적 사고를 해보도록 한다. 인물이 처해있는 상황이 나에게도 일어났다고 가정해 보고 나라면 어떤 말과 행동을 했을지 떠올려 보도록 한다. 인물의 말과 행동을 살펴보면 인물의 성격을 유추할 수 있고, 나와 인물의 성격이 어떤 차이가 있는지 비교해 볼 수 있다. 또한, 인물의 말과 행동으로 인해 어떻게 이야기가 전개되는지 살펴보고, 나의 선택에 의해서는 어떻게 이야기가 펼쳐질지도 상상해 볼 수 있다.

⑥ **그다음 장면은 어떻게 될까?**: 그림책의 페이지를 넘기기 전에 아이들에게 이야기를 상상할 기회를 준다. 다음 이야기를 상상해 본 후에 그림책을 보면 더욱 이야기에 흥미를 느끼고 몰입하게 된다.

⑦ **인물의 대사 소리 내어 실감 나게 읽어보기**: 먼저, 그림책 속 상황에 대해 이해하고, 인물의 마음을 헤아려본다. 그다음에 인물이 어떤 목소리와 어투로 대사를 했을지 상상해 보도록 한다. 다 함께 '레디~액션!'이라는 구호에 맞춰 대사를 해볼 수도 있고, 원하는 아이가 대표로 발표를 해볼 수도 있다. 이 활동 역시 인물의 마음을 이해하는 데 큰 도움이 된다.

읽기 후 활동 예시

① **그림책을 깊이 있게 이해하기 위한 질문 만들기와 나누기**: 큐앤알 수업에서 가장 핵심 되는 활동이다. 그림책의 내용을 깊이 있게 이해하기 위해 궁금한 것, 더 알고 싶은 것 등을 3~4가지 질문으로 적어보도록 한다. 질문을 모두 적지 못한 친구는 친구들의 질문을 듣고 마음에 드는 것을 골라 적을 수도 있다. 자신의 질문을 친구와 나누어보며 작가가 그림책을 통해 전달하고 싶었던 메시지를 찾고, 재미와 감동을 더 많이 느낄 수 있다.

② **인물의 감정 그래프 그려보기**: 이야기 속에서 등장인물의 감정이

어떻게 변화되는지 알아본다. 감정이 좋을수록 +점수로 높게 올라가고, 감정이 상할수록 −점수로 낮게 내려간다. 인물의 감정 그래프를 그린 후에는 그 감정을 느낀 상황과 이유를 간단히 적어보도록 한다. 이야기의 3요소인 인물, 사건, 배경 중에서 인물에 대해 깊이 있게 이해해 볼 수 있는 활동이다.

③ **핫시팅 기법**: 핫시팅 기법은 한 아이가 그림책 속 등장인물이 되었다고 상상하고, 역할을 맡으면 질문을 던지는 것이다. 나머지 친구들이 그림책의 내용이나 등장인물에 대해 궁금한 것을 질문하면, 역할을 맡은 아이가 질문에 대해 답변한다. 여기서 교사는 역할을 맡은 아이가 등장인물에 최대한 몰입하고, 등장인물의 성격과 상황에 맞는 답변을 하도록 안내한다.

④ **가장 인상 깊은 장면 고르고 이유 이야기하기**: 그림책의 장면 중에서 가장 인상 깊었던 장면을 한 장면 고르고, 그 장면을 고른 이유를 이야기해 보도록 한다. 아이들이 장면을 고른 이유를 듣다 보면 아이들의 경험 이야기가 나오게 된다. 아이들의 경험이 다르기 때문에 생각과 느낌이 달라지고, 그림책에서 가장 마음에 든 장면도 달라진다는 것을 자연스럽게 알게 된다. 또한, 이야기를 읽고 재미나 감동을 느낀 부분을 찾아보는 활동은 아이들에게 국어과 교육과정에서 추구하는 문화 향유 역량을 길러주는 좋은 활동이다.

⑤ **나에게 (　　)이란?**: 내 생각을 다른 대상에 빗대어 표현하는 활동이다. 예를 들어, 『친구의 전설』 그림책을 읽고 수업한다면

'나에게 친구란 ~다.'라는 표현을 적어보도록 할 수 있다. 친구를 다른 사물에 빗대어 내 생각을 더욱 잘 표현하도록 지도한다. 이 활동은 아이들의 표현력을 기르는 데 큰 도움이 된다.

아이들이 적은 좋은 문장

- 나에게 친구란 벽난로이다. 왜냐하면 내가 힘들 때 내 옆에서 따뜻하게 위로를 해주기 때문이다.
- 나에게 친구란 지우개다. 왜냐하면 내가 힘든 일을 겪을 때 나를 토닥이며 나의 안 좋은 기억을 지워주기 때문이다.
- 나에게 친구란 에너지다. 왜냐하면 친구와 함께 있으면 항상 힘이 나기 때문이다.
- 나에게 친구란 손수건이다. 왜냐하면 내가 슬플 때마다 나를 위로해주면서 나의 눈물을 닦아주고 웃음으로 바꾸어주기 때문이다.

⑥ **우리 반의 그림책 만들기:** 그림책을 읽고 재미와 감동을 많이 나누어 보았다면 그림책에 대한 아이들의 애정이 가득해질 것이다. 직접 작가가 되어보는 시간도 아주 의미 있다. 그림책의 구성과 비슷하게 글을 쓰고, 글에 맞는 그림을 직접 그리도록 한다. 학급 아이들의 글을 모두 모아 제본을 하고, 아이들이 원하는 책 제목을 붙인다. 그림책의 구성에 맞춰 책 제목, 출판사, 지은이를 적고, 책의 앞표지와 뒤표지, 면지도 꾸민다. 작가의 말까지 적어주면 세상에 하나뿐인 소중한 그림책이 완성된다.

가정에서도 매년 만들면 참 좋은 그림책이 있는데 바로 『진정한 일곱 살』 시리즈이다. 그림책을 읽고 나서 아이가 자신의 나이에 대해 고민해 보고 어떤 모습이 진정한 00살의 모습일지 생각해 보도록 한다. 그러고 나서 그 생각을 한데 모아 〈진정한 00살〉 그림책을 만든다면 매년 아이의 생각이 커나가는 것을 볼 수 있을 것이다.

과정 중심 평가

① 큐앤알 수업을 진행하면서 학생들이 적은 글, 그린 그림 등 모든 산출물은 훌륭한 평가 자료이므로, 교사가 피드백을 제공하는 것이 곧 과정 중심 평가이다.

② 수업을 통해 배운 것, 느낀 것 등을 나의 언어로 풀어서 설명하는 것을 보면 학생의 성취 정도를 알 수 있다.

③ 학생 상호 간에 질문하고 설명하는 큐앤알 수업에 적극적으로 참여하였는지 스스로 평가해 보는 시간을 가짐으로써 메타인지를 활성화할 수 있다.

④ 큐앤알 수업을 통해 내 생각을 말로 표현해 보았다면 평가에서는 생각을 글로 적어보도록 할 수 있다. 그냥 독서 감상문을 적으라고 한다면 아이들은 아주 막막했을 것이다. 하지만, 큐앤알 수업 후에는 자신의 풍부한 생각을 바탕으로 생각과 느낌이 가득 담긴 글을 쓸 수 있다.

▍저학년과 질문 수업하기 팁

질문과 함께하는 수업 중에서 저학년과 가장 먼저 쉽게 할 수 있는 것은 그림책을 이용한 수업이다. 저학년 학생들은 선생님이 들려주는 그림책 이야기에 흥미가 높으며 궁금증을 가지고 상상하는 것을 좋아하기 때문이다. 또한, 그림책은 그림이 중점적이기 때문에 한글을 모르는 아이들도 부담 없이 활동에 참여할 수 있다.

■ 그림책 표지를 보며 질문하기

① 그림책 제목만 보여주기
② 그림책 표지의 색, 그림 예상하기
③ 그림책 표지에 대한 질문 1가지 생각하기
④ 교실을 돌아다니며 친구와 1:1로 만나 질문하고, 질문에 대한 생각을 말하기

처음 수업을 할 때 교사가 질문을 먼저 하여 아이들이 어떤 질문을 주고받을 수 있는지 경험하도록 해야 한다. 그림책 제목을 알려준 뒤 교사는 학생들에게 "이 그림책의 표지는 어떤 색일까요?", "이 그림책에는 어떤 그림이 그려져 있을까요?"와 같이 표지를 상상하는 질문을 할 수 있다.

이어서 그림책의 표지를 보여주면 학생들은 그림책 표지를 보고 궁금한 질문을 1~2가지 생각한다. 정해진 시간 동안 교실을 다니며

친구를 만나 질문을 하고 서로의 생각을 말하는 활동을 한다.

■ 그림책을 읽으며 1:1 질문 주고 받기

① 그림책을 화면에 제시한 뒤 교사가 읽어주기
② 읽었던 내용에서 궁금한 질문 1가지 생각하기
③ 교실을 돌아다니며 친구와 1:1로 만나 질문하고, 질문에 대한 생각을 말하기

3~4권의 책을 읽는 동안에는 교사와 함께 질문을 만들며 어떤 질문들을 만들 수 있는지 경험하는 기회를 제공해야 한다. 처음에는 자유롭게 궁금한 질문들을 생각하도록 하지만 학습이 된 후에는 '왜~?', '무엇을~?', '어떻게~?' 이 3가지를 이용하여 질문을 만드는 방법에 대한 학습을 한 뒤 이를 반복하여 사용하도록 한다.

예를 들어 『알사탕』이라는 책을 읽었다면 다음과 같은 질문을 만들 수 있다.

- 왜 투명 사탕은 아무 소리가 안 들릴까?
- 알사탕은 무엇으로 만들었을까?
- 내가 주인공이라면 누구 목소리를 듣고 싶을까?
- 소파가 어떻게 말할 수 있을까?
- 주인공은 나중에 알사탕을 또 사 먹었을까?

학생들이 질문 만들기를 어려워한다면 교사가 먼저 만들어 예시로

보여주고, 학생들이 만든 질문 중 좋은 질문들은 다른 친구들에게 소개하도록 한다.

질문을 생각한 뒤, 학생들은 교실을 돌아다니며 친구를 만난다. 각자 생각한 질문을 친구에게 말하고, 서로의 질문에 대해 답하는 활동을 한다. 활동을 마친 뒤 다른 친구들에게 소개해 주고 싶은 친구의 질문을 발표하는 시간을 가지며 다양한 질문에 대해 반 전체 학생들이 생각하는 시간을 가진다.

■ 그림책 읽고 다양한 정리-반응

수업 끝에 정리 활동을 통해 배운 내용에 대해 마무리하듯 그림책 한 권을 읽으며 친구들과 다양한 생각을 나눈 뒤, 스스로 내면화 할 수 있는 정리-반응 활동을 한다. 한글 해득이 안 된 학생들은 자기 생각을 글로 표현하기가 어렵다. 해당 활동에서 할 수 있는 표지 그리기, 마음에 드는 장면 그리기, 주인공에게 편지 쓰기, 부모님에게 책 소개하기 등 다양한 반응하기 활동을 제시한 뒤 학생들이 각자 생각을 표현하기 좋은 활동을 골라 표현하도록 한다.

질문하는 큐앤말 그림책 수업

제 3 부

제1장 당신의 마음속에는 어떤 냄비가 있나요?-『아나톨의 작은 냄비』

사랑스러운 책 『아나톨의 작은 냄비』를 만나다

『아나톨의 작은 냄비』라는 그림책을 우연히 교사 연수에서 알게 되었다. 처음 본 그림책인데 단순한 하얀 바탕의 표지에 그려진 그림이 귀여워서 관심이 갔다. 주인공 아나톨에게는 떨어지지 않는 냄비가 있다. 늘 냄비를 끌고 다니는 아나톨은 사람들의 관심을 끈다. 누군가는 신기하게 바라보고, 누군가는 이상하다고 한다. 나와 다른 것을 보았을 때 사람들이 느끼는 놀람, 궁금증, 불편함 등을 표현한 것 같았다. 아나톨은 다른 아이들처럼 놀기 좋아하고 사랑받고 싶어 하는 아이이다. 아나톨은 친구들과 놀러 뛰어가고 싶지만, 돌부리에 냄비가 걸려 답답하고 화가 난다.

여기까지만 읽어도 아나톨이 어떤 아이인지 대략 짐작할 수 있을 것이다. 이 그림책의 글을 쓰고 그림을 그린 이자벨 카리에 작가님께는 장애를 가진 아이가 있다고 한다. 아마 아나톨에게는 작가님 아이의 모습이 담겨있는 것 같다. 아나톨에게 달린 냄비는 장애였다.

냄비 때문에 아나톨은 다른 아이들처럼 하려면 몇 배로 노력해야 하고, 힘든 일도 많다. 화가 난 아나톨은 나쁜 말도 하고 소리도 지른다. 물론 아나톨은 벌을 받는다. 속상한 아나톨은 결국 냄비 속에 숨어버린다. 소리 지르고 나쁜 말을 하는 아나톨의 모습에서 우리 반 몇몇 아이들의 모습이 떠오른다. 자신의 감정을 표현하기에 아직 서툰 아이, 화가 나고 속상하면 친구를 때리거나 비속어를 사용하는 아이, 선생님과 이야기를 해보자고 했더니 책상 아래로 숨어버리던 아이, 아직 감정 표현이 미숙하여 친구와 갈등이 생기는 아이… 아마 그 아이들의 마음도 아나톨처럼 답답하고 화가 났을 것이다.

다행히도 아나톨의 세상은 아나톨의 마음처럼 되지 않았다. 아나톨은 아나톨의 마음을 이해해 주는 아주머니를 만나게 된다. 꽃무늬 옷을 입은 아주머니는 아나톨처럼 냄비를 가지고 있었다. 아나톨처럼 냄비를 가지고 있기에 아나톨과 비슷한 경험을 하지 않았을까? 비슷한 경험을 했기에 누구보다 더 아나톨의 마음을 잘 이해할 수 있었을 것이다. 이 부분에서 냄비를 꼭 장애로만 이해하지 않아도 되지 않을까 하는 생각이 들었다.

냄비를 누구나 가지고 있다고 생각해 보면 어떨까? 예를 들어, 냄비를 나의 부정적인 감정이라고 생각해도 괜찮을 것이다. 부정적인 감정은 누구나 가지고 있지만, 그 크기와 모양, 색깔은 사람마다 다를 것이다. 꽃무늬 아주머니처럼 냄비의 크기가 작은 사람도 있을 것이다. 성인이 되면서 자신의 부정적인 감정을 스스로 조절할 수 있게 되기에 냄비의 크기가 작아진 것으로 표현했다고 이해할 수 있을 것이다. 반면에 아나톨은 아직 아이기 때문에 자신의 감정을 조절하는 능력이 부족하여 냄비의 크기가 크다고 할 수 있다.

나만의 의미를 찾아가면서 점점 더 그림책에 흥미가 생겼다. 감정 조절이 서툰 3학년 아이들을 지도하고 있기에 우리 반 친구들에게 읽어주면 좋겠다는 생각이 들었다.

아나톨은 아주머니를 만나 냄비와 함께 살아가는 법을 배우게 된다. 길을 걸어갈 때마다 돌부리에 걸려 힘들었던 아나톨을 위해 아주머니는 가방을 만들어 주었다. 가방에 냄비를 넣을 수 있게 되자 아나톨은 더 이상 돌부리에 걸리지 않는다. 미끄럼틀을 탈 때도 편안히 탈 수 있다.

냄비를 넣는 가방은 교사인 내가 아이들에게 만들어줄 수 있는 것이 아닐까? 아이들의 냄비를 부정적인 감정이라고 한다면, 우리 반 아이들은 각자 모양도 크기도 다른 다양한 냄비를 가지고 있다. 내가 교사로서 아이들에게 감정을 조절하는 능력을 가르쳐 준다면, 그것이 바로 아이들의 냄비를 넣는 가방이 되지 않을까 생각했다.

우리 반 아이가 부정적인 감정을 표현할 때 아이를 지도하는 방법이 있다. 첫 번째로, 심호흡하면서 1부터 10까지 천천히 세는 방법이다. 이 방법을 통해 갑자기 격해진 감정을 조금 누그러뜨릴 수 있다. 두 번째로, 감정이 조금 누그러졌다면 자신의 감정을 말로 설명하는 것이다. 나는 '행감바' 단계에 맞춰 자신의 감정을 설명하도록 아이들을 지도한다. 친구가 어떤 말과 행동을 해서 어떤 감정이 들었는지 자세히 설명하고, 친구에게 바라는 것을 말하도록 한다. 이 방법으로 설명하면 아이들은 자신의 감정의 이유를 알게 된다. 또한, 자신의 감정을 말로 풀어서 설명하는 것만으로도 부정적인 감정이 많이 해소된다. 교사는 아이의 속상한 감정이나 화가 난 감정에 공감해 주고 상대 친구에게 사과할 수 있는지 물어본다. 사과할 준비가 되었다고 하면 '인사약'으로 이야기하도록 지도한다. 자기 말과 행동을 인정하고, 친구가 감정이 상한 부분에 대해 사과하고, 친구의 바람에 대해 약속하는 것이다.

이런 방법으로 꾸준히 지도하다 보면 감정 조절 능력이 미숙하여 부정적인 감정이 들 때 소리를 지르고, 나쁜 말을 하던 아이들도 발전되는 모습을 보인다. 점점 더 자신의 감정을 조절하고, 감정의 이유를 찾고, 감정이 든 까닭을 설명할 수 있게 된다. 이런 과정을 거치다 보면 아이들은 성장하게 된다. 아나톨에게 아주머니가 냄비를 넣는 가방을 선물하고 나서 아나톨이 성장하게 된 것처럼 말이다.

아나톨은 아주머니를 만나 자신이 잘하는 것도 알게 된다. 그리고, 냄비를 가지고 할 수 있는 것도 배우게 된다. 이 모습도 교사인 내가 아이들에게 하고 싶은 역할과 같다. 아이마다 무한한 가능성과 잠재력을 가지고 있는데 그것을 일깨워주는 것이 교사의 역할이라 생각한다. 아이들이 각자 자신의 장점을 찾고 꿈을 향해 나아가도록 하는 것이 내가 꿈꾸는 교사의 모습이다. 아이들이 부족한 부분을 발전시켜 나갈 수 있도록 방법을 알려주는 것도 교사의 역할이다. 또한, 아이들의 단점이라고 생각되는 부분도 생각을 바꾸면 장점으로 승화시킬 수 있기에 그런 생각의 차이를 만들어주는 것도 교사의 역할이라 생각한다. 그런 지점에서 그림책 『아나톨의 작은 냄비』는 나의 마음에 쏙 들었다.

나는 이 멋진 그림책을 가지고 다양한 그림책 수업이 가능할 것으로 생각하였다. 냄비의 의미를 장애에 두면 장애 이해 교육이 가능하다. 반면 냄비의 의미를 열어두고 나만의 냄비에 대해 생각해 보도록 할 수도 있다. 그럼, 아이마다 나의 냄비는 무엇일지 고민해 보고 자기 생각을 풀어낼 것이다. 그림책을 읽고 재미나 감동을 느낀 부분을 찾아볼 수도 있고, 그림책을 읽고 감동을 표현하는 글을 쓸 수도 있을 것이다. 그림과 내용은 단순하지만, 아이들이 많은 생각을 할 수 있는 깊이 있는 그림책이기 때문에 성취 기준에 맞게 다양한 수업을 만들 수 있다. 이 사랑스러운 그림책을 얼른 아이들에게 소개해 주고 싶어서 그날 바로 그림책을 주문하였다.

한 권의 그림책이 아이들의 마음에 닿으려면

『아나톨의 작은 냄비』를 아이들에게 그냥 읽어주기만 해도 너무 재밌고 좋겠지만, 단순히 읽고 끝내기에는 그림책이 너무 아까웠다. 아이들에게 좀 더 의미 있는 배움의 경험을 만들어주기 위해 그림책 수업으로 디자인하고 싶었다.

그동안 일반적으로 해오던 그림책 수업을 떠올려보았다. 아이들과 그림책을 함께 읽고, 중요한 페이지마다 교사가 질문을 하고 아이들은 대답했다. 그림책을 다 읽은 후에는 줄거리를 요약하고, 인상적인 내용을 글로 적거나, 그림으로 그리는 식으로 진행하였다. 그림책을 읽기 전에는 학생들의 동기를 유발할 수 있도록 그림책과 관련된 흥미로운 그림이나 영상을 보여주기도 했다. 그림책을 읽고 난 후에는 학생들이 재미있게 할 수 있는 활동이 무엇일지 고민하여 다양한 활동을 구상하였다.

하지만, 『아나톨의 작은 냄비』는 내용만으로도 깊이 있는 수업을 만들 수 있는 그림책이었다. 하여, 아이들이 어떻게 하면 이 그림책을 깊이 있게 이해할 수 있을지 고민해 보았다. 그림책에 담겨있는 작가의 생각을 이해하고 내면화하기 위해서는 글 너머의 생각을 발견해 보고, 자기 생각을 덧붙여야 한다. 따라서, 교사가 직접 그림책에 담긴 의미를 설명하기보다 아이들이 의미를 스스로 찾고 생각을 표현하도록 해야 한다.

그동안 수업에 몇 번 적용해 보았던 큐앤알 수업이 떠올랐다. 아이들의 질문에 관심을 기울여보니 단순한 질문뿐 아니라 교사가 생각하지 못한 깊이 있고, 핵심적인 질문도 많았다. 때론 너무나 반짝반짝 빛나는 질문에 깜짝 놀랄 때도 있었다. 그리고 다양한 질문을 만들다 보면 그 질문에 대해 자기 생각도 적극적으로 설명하고 다양한 반응을 표현하고자 하는 모습을 자주 보였다. 아이들이 그림책을 읽고 궁금한 것을 질문으로 만들고, 자기 말로 풀어서 설명해 본다면 그림책을 보다 더 깊이 있게 이해할 수 있지 않을까 생각하였다. 바로 큐앤알 수업을 그림책 수업에 적용하는 것이었다.

과연 3학년 아이들이 이 그림책을 깊이 있게 이해할 수 있을까? 솔직히 걱정스러웠다. 10살 아이들이 이해하기에는 '냄비'의 의미가 너무 어렵지 않을까 생각되었다. 글이 적은 그림책이라고 해도, 그 안에 담긴 내용이 많았다. 교사가 의미를 해석해 주지 않아도 아이들이 잘 이해할 수 있을지 걱정스러웠다.

하지만, 수업을 준비하며 박순덕 수석님께 컨설팅을 받고 나서 생각이 바뀌었다. 교사는 아이들이 내용을 깊이 있게 이해하기 위한 핵심 질문을 잘 만들 수 있을지 걱정하지만, 아이들은 기대보다 더 잘 만든다는 것. 교사가 일일이 다 알려주는 것은 아이들에게 진정한 배움이 될 수 없다는 것. 그리고, 아이들이 스스로 질문을 만들어내고 그 질문에 대해 자기 말로 풀어서 설명하는 과정을 통해 깊이 있는 배움이 가능하다는 것. 수석님께서는 나의 걱정스러운 마음에 진심 어린 조언과 큰 용기를 주셨다.

수석님께 컨설팅받고 나서 큐앤알 그림책 수업을 본격적으로 준비하였다. 교사의 설명은 최대한 배제하고, 아이들이 그림책에 몰입하여 다양한 생각을 펼칠 수 있도록 수업을 구성하였다. 그림을 더욱더 자세히 볼 수 있도록 그림책 장면을 한 컷 한 컷 편집하여 수업 슬라이드를 만들었다. 또한, '냄비'의 의미를 다양하게 생각해 볼 수 있도록, 장애라고 설명하지 않기로 했다. 이 수업은 온전히 아이들에게 열려 있는, 아이들의 다양한 생각으로 채워나갈 수업이었다. 수업을 준비하면서 아이들이 이 그림책을 어떻게 이해하고 자신만의 의미를 만들어 나갈지 너무나 기대되고 두근거렸다.

질문은 아이들을 성장시킨다

내가 『아나톨의 작은 냄비』로 준비한 수업은 국어 수업으로 '재미나 감동을 느끼며 작품을 즐겨 감상하는 태도를 기르고, 읽기 경험과 느낌을 다른 사람과 나누는 태도를 길러주어야 하는 단원'이었다. 문학 작품을 깊이 있게 감상하고 다른 사람과 생각과 느낌을 나누는 수업을 할 때 큐앤알 수업이 제격이라는 생각이 들었다. 실제로 교과서에서도 이야기를 읽고 친구와 묻고 답하기 놀이를 하며 내용을 알아보는 활동이 나오는데 이를 좀 더 구체화하고 풍성하게 만들기 위해 큐앤알 수업으로 이끌어 나가고자 구상하기 시작하였다.

사실 글이 적은 그림책은 빨리 읽자면 5분도 안 되어서 다 읽을 수 있다. 교사가 읽어 주어도 10~20분 사이면 다 읽어줄 수 있다. 이 짧고 간단한 그림책으로 어떻게 한 시간 동안 수업을 해야 하나 고민이 들 때도 있었다. 하지만 짧은 그림책일수록 읽는 데 많은 시간을 할애하지 않으면서도 다양한 의미를 만들어낼 수 있다는 것을 깨달았다.

그림책 한 권을 가지고 한 차시를 수업할 수도 있고, 두 차시를 수업할 수도 있다. 큐앤알 수업 초창기에는 한 차시에서 두 차시 정도 수업을 진행하였다. 큐앤알 수업을 연구해 나가면서 수업 단계에 맞춰 더욱더 다양한 활동을 하게 되었다. 그러다 보니 수업은 4차시, 6차시, 8차시 점점 늘어났다. 배움 목표와 성취 기준에 맞춰 교육과정을 재구성하다 보면 그림책 한 권을 가지고 한 학기 동안 독서 수업도

가능하다.

처음 『아나톨의 작은 냄비』를 가지고 수업할 때 총 2차시로 수업을 구상하였다. 1차시에는 책의 표지만 가지고 수업하였다. 먼저, 그림책의 앞표지와 뒤표지를 보고 질문을 만들고, 친구의 질문에 관해 설명해 보는 활동을 하였다. 그리고, 그림책 내용을 상상하여 글 또는 그림으로 표현해 보도록 하였다. 이 수업을 통해 아이들이 그림책 내용을 상상해 보고 그림책에 대한 흥미를 갖기를 기대하며 수업을 진행하였다.

아이들에게 화면 가득 『아나톨의 작은 냄비』 그림책 표지를 띄워주었다. 이 책을 읽어본 사람이 있는지 손을 들어보라고 하였다. 손을 든 친구들이 없다. 아이들은 처음 만나는 그림책이 신기한 듯 책 표지를 열심히 쳐다본다. 책 제목을 맞혀보라고 한 후 책 앞표지에 무엇이 보이는지 설명해 보라고 했다. 아나톨과 냄비. 간단한 그림이다. 냄비는 익숙한 물건이지만, 아나톨의 손목에 냄비가 묶여있는 모습은 특이하다. "냄비는 어떤 물건인가요?"라고 묻자, "라면 끓일 때 써요.", "국 끓일 때 쓰는 물건이에요."라고 답했다.

그런데 냄비가 주방에 있는 것이 아니라 손목에 묶여있다. 익숙한 물건이 익숙하지 않은 장소에 나타났다. 예상을 벗어난 그림의 등장에 아이들의 생각 문이 자연스레 열리기 시작한다. 냄비에는 무엇이 들어 있는 것일까? 냄비는 왜 아나톨에게 묶여있는 것일까? 아이들의 호기심 가득한 눈빛이 보인다. 머리 위로 물음표가 떠다니는 것 같기도 하다.

이제 뒤표지를 보여준다. 네 컷 만화 같은 그림이 화면에 등장하자 아이들의 눈이 커다랗게 떠진다. 네 개의 그림은 어떤 이야기를 담고 있을까? 앞표지에서 내가 가졌던 호기심을 해결해 주진 않을까? 기대와 호기심에 가득 찬 아이들이 뒤표지를 열심히 관찰하기 시작한다. 어떤 아이는 그림을 더 자세히 보고 싶어 교실 앞에 나가면 안 되냐고 물어보기까지 한다.

이제 본격적으로 질문을 만들어 볼 시간이다. 그림책의 앞표지와 뒤표지를 보면서 궁금한 것, 알고 싶은 것 등 각자 세 가지씩 질문을 만들어 보라고 했다. 아이들이 그림을 자세히 관찰할 수 있도록 학습지에 앞표지와 뒤표지 그림을 넣어서 컬러로 인쇄하였다. 아이들은 그림을 자세히 보며 다양한 질문을 만들어 낸다. 아이들이 만들어 낸 질문을 보면 자연스럽게 정답이 있는 질문과 정답이 없는 질문을 모두 적은 것을 볼 수 있다.

예를 들어, 다음과 같은 질문은 정답이 있는 질문이다.

- 아나톨의 손에는 무엇이 묶여 있나요? (냄비)
- 아나톨의 냄비는 무슨 색인가요? (빨간색)
- 아나톨은 누구를 만났나요? (꽃무늬 옷을 입은 아주머니)

위와 같은 질문은 표지만 관찰해도 쉽게 정답을 말할 수 있는 내용 질문이다. 정답이 있는 질문은 책 속에서 답을 찾을 수 있는 질문이며 내용을 이해했는지 확인하기 위한 질문이다. 정답이 있는 질문을 통해 제시문을 꼼꼼하게 읽고 내용을 잘 이해할 수 있고, 학생들의 문해력과 독해력도 높일 수 있다. 책을 읽기 전 활동으로 표지를 보고 질문 만들기 할 때도 내용 질문을 통해 아이들이 책 표지를 자세히 관찰하였는지 물을 수 있다.

다음은 정답이 없는 질문의 예시이다. 정답이 없는 질문은 아이의 생각으로 답해야 하는 질문이다. 정답이 없는 질문은 학생들의 다양한 생각을 이끌어내고 창의성을 키울 수 있다. 실제 수업에서 나왔던 질문을 함께 살펴보자.

- 아나톨의 냄비에는 무엇이 들어있을까요?
- 왜 하필 아나톨에게 냄비가 떨어졌을까요?
- 아나톨은 냄비 때문에 힘든데 왜 냄비를 버리지 않나요?
- 아나톨에게 말을 거는 꽃무늬 아주머니는 누구일까요?

위와 같은 질문은 표지만 보고는 정답을 찾을 수 없고, 내 생각을 이야기해야만 하는 질문들이다. 아나톨의 냄비에 들어있는 것은 그림만 보고는 알 수 없으니 다양한 상상을 하게 한다. 아나톨에게 냄비가 떨어진 이유도 그림에 나와 있지 않기 때문에 아이들은 자신만의 이야기를 만들어 내야 한다. 아나톨이 냄비를 버리지 않은 것인지 냄비를 버리지 못한 것인지 생각해 보아야 한다. 또한, 아나톨에게 말을 거는 꽃무늬 아주머니도 어떤 사람인지 나와 있지 않기 때문에 그림을 자세히 보고 자기 생각을 만들어내야만 한다.

정답이 있는 질문과 정답이 없는 질문을 각각 만들어 보는 활동을 통해 학생들은 다양한 질문의 형태를 이해하고, 문해력과 창의성을 함께 기를 수 있다. 또한, 질문을 만들고 질문에 대해 자기 생각을 설명하다 보면, 아이들의 생각이 깨어나고 사고가 확장된다.

표지를 보고 질문 만들기 활동을 시작하니 몇몇 아이들은 거침없이 질문을 써 내려가고, 몇몇 아이들은 고개를 갸우뚱하는 것이 눈에 보인다. 모든 질문은 의미와 가치가 있고, 어떤 것이든 궁금한 것을 질문으로 적으면 된다고 설명하였다. 그러자 조금은 편안한 마음으로 용기를 가지고 질문을 만들어 나가는 아이들이 보인다. 그동안 수업 시간에 무기력하게 앉아있고, 소극적이던 아이들도 관심을 가지고 질문을 써나가기 시작한다.

잠시 아이들이 질문을 만들 시간을 주고 교실을 한 바퀴 돌며 아이들의 질문을 읽어보았다. 지금은 내 생각을 적는 시간이니 친구와 이야기 나누고 싶은 것이 있어도 잠시 꾹 참고 집중하여 질문을 만들어 보도록 했다. 고요한 교실에 아이들의 연필 소리만 사각사각 들린다. 아이들의 질문을 읽어보니 내가 예상했던 질문들도 보이고 예상을 뛰어넘는 좋은 질문들도 보인다. 좋은 질문은 기억해 두었다가 반 전체 아이들에게 공유해주어야겠다고 생각한다.

아이들이 어느 정도 질문을 작성하고 나자, 나의 질문을 친구들과 나누어보고 싶은 친구가 있는지 물어보았다. 몇몇 아이들이 손을 들었다. 아직 질문 3가지를 모두 쓰지 못한 아이들에게는 친구의 발표를 듣고 나도 궁금한 질문이면 자신의 학습지에 써도 된다고 이야기해주었다. 이렇게 하면 몇몇 아이들이 발표하는 동안 질문을 미처 다 쓰지 못했던 아이들도 3가지 질문을 모두 적을 수 있게 된다. 질문을 한 개밖에 적지 못하고 고개를 갸우뚱하던 아이도 친구의 발표를 열심히 경청하며 어느새 손이 빨라진다.

아이들의 질문은 내가 생각한 것보다 훨씬 더 깊이 있고 흥미로웠다. 좋은 질문이라고 아낌없이 칭찬해 주니 아이들이 자신감을 얻고 손을 번쩍번쩍 들기 시작한다. 아이들의 흥미로운 질문들이 쏟아지고 제발 자기를 한 번만 시켜달라는 애절한 눈빛도 보인다. 아이들의 질문은 칠판에 적어서 다른 아이들에게도 공유해준다. 질문을 모델링하다 보면 자연스럽게 다양한 형태의 질문을 만들 수 있게 되고 질문의 질도 점점 높아지게 된다. 질문의 질이 높아지는 것은 깊이 있는 사고를 할 수 있게 되었다는 의미이다. 이렇게 아이들은 점점 성장해나간다.

그림책의 매력에 풍덩 빠지다

이제는 친구에게 질문하고 내 생각을 설명하는 단계이다. 짝과 함께 한 명씩 번갈아 가며 질문하고 친구의 질문에 대해 내 생각을 말해보라고 하였다. 이 활동에도 정답은 없으니 걱정하지 말고 편하게 내 생각을 말하면 된다고 이야기해준다. 다만, 내가 작가가 되었다고 생각하고 최대한 그럴듯한 설명을 해보라고 강조하였다. 이렇게 말해주면 아이들이 설명하는 내용의 깊이도 깊어진다.

예를 들어, “아나톨은 냄비 때문에 힘든데 왜 냄비를 버리지 않나요?"라는 질문에 관해 설명해 본다고 해보자. 단순하게 대답한다면 "버리는 방법을 몰라서요.", "버릴 수 없어서요."와 같이 말하는 아이들이 많을 것이다.

하지만, 작가가 되었다고 생각하고 최대한 그럴듯한 설명을 해보자면 다양한 상상력이 빛을 발하게 된다.

- 아나톨이 사실 냄비를 공원에 버리고 집으로 돌아왔는데, 저녁에 냄비가 다시 집으로 찾아왔을 것 같아요. 버려도 계속 찾아오는 냄비에 지쳐서 아나톨은 냄비를 버리는 것을 포기했을 것 같습니다.
- 아나톨은 냄비 때문에 힘들긴 했지만, 어느 순간부터 냄비와 친해졌을 것 같아요. 강아지를 데리고 다니는 것처럼 아나톨은 냄비와 함께 다니는 것이 익숙해졌을 것 같아요. 냄비가 없으면 허전하고요. 냄비와 함께 다니는 것이 습관이 되어서 냄비를 버리지 않았을 것 같아요.
- 처음에는 냄비가 불편했지만, 냄비에 신비로운 능력이 있다는 것을 깨닫고는 냄비가 좋아졌을 것 같아요.

이렇게 친구의 질문에 대해 다양한 상상력을 담아 이야기하다 보면 친구와 질문하고 설명하는 과정이 무척이나 즐거워진다. 아이들의 눈은 반짝이기 시작하고 어느새 다들 짝과 질문하고 말하기에 여념 없다. 금세 교실은 아이들의 말소리로 가득해진다. 교사는 교실을 돌아다니며 아이들이 이야기 나누는 것을 들어보고 인상적인 질문이나 설명을 기억해 둔 후에 학급 학생들에게 공유해준다.

짝과 질문을 나누어보는 시간을 충분히 준 후에 학급 전체와 함께 이야기를 나누어본다. 아직 해결되지 않았거나 학급 전체 친구들과 한 번 더 이야기를 나누어보고 싶은 질문을 발표해 보라고 한다. 수업을 이끌어 나가는 교사가 아이들에게 시간을 안내하고, 활동을 정리해 주면서 이끌어 나가는 것은 매우 중요하다. 중간중간 활동을 정리하는 과정을 통해 깊이 있는 질문과 설명을 아이들과 함께 공유해 볼 수 있다. 또한, 아이들이 배움 목표를 향해 잘 나아가고 있는지 확인해 볼 수 있고, 오개념이나 배움 목표를 벗어난 이야기들도 정리할 수 있다.

몇몇 아이들이 손을 들고 "아나톨에게 말을 거는 꽃무늬 아주머니는 누구일까요?"라며 자신의 질문을 이야기한다.

아이들이 질문했을 때 교사가 모든 질문에 답해야 한다고 부담을 느끼지 않아도 된다. 큐앤알 수업에서는 교사가 자기 생각을 바로 말하기보다 다른 아이가 생각을 이야기해 볼 수 있도록 기회를 준다. 이렇게 하면 아이들은 자연스럽게 다른 친구의 발표를 경청하게 된다. 교사가 아이의 질문에 직접 대답하면 아이들은 교사의 생각을 듣는 것에 그친다. 하지만, 아이들에게 생각하고 설명할 기회를 열어주면 아이들은 스스로 생각을 깨우고 학생 배움 중심 수업을 해나갈 수 있다. 큐앤알 수업에서 교사는 아이들에게 생각을 키울 수 있는 기회를 주고 학급 전체 아이들이 함께 소통할 수 있도록 해주는 안내자 역할을 한다.

안내자 역할을 하는 교사는 "친구의 질문에 대해 내 생각을 이야기해 보고 싶은 친구가 있다면 손을 들어 주세요. 질문을 한 친구는 친구들의 설명을 잘 들어보고 가장 마음에 드는 설명을 골라서 자신의 질문 아래에 설명을 적어주세요."라고 덧붙여 설명하였다.

"아나톨의 어머니일 것 같습니다." 한 아이가 생각을 말한다. 몇몇 아이들이 고개를 끄덕인다. 책을 이미 읽어본 교사는 아나톨의 어머니가 아닌 것을 알고 있다. 여기서 교사가 '어머니가 아니에요.'라고 말해버리면 아이들은 생각할 기회를 잃게 된다. 잠시 인내심을 가지고 아이들이 좀 더 생각할 수 있도록 기다려준다.

그런데, 한 아이가 손을 번쩍 들더니 "아나톨의 어머니는 아닐 것 같습니다. 왜냐하면 어머니라면 '안녕, 아나톨.'이라고 말하면서 아나톨의 이름을 불렀을 텐데 '안녕, 꼬마야?'라고 했기 때문입니다. 제 생각에는 그냥 지나가던 아주머니가 아나톨에게 관심이 생겨서 말을 건 것 같습니다."라고 이야기한다.

다른 아이들이 "우와~" 하는 감탄사를 내며 고개를 끄덕거린다. 이것이 바로 큐앤알 수업의 묘미이다. 교사가 직접 의미를 설명하지 않아도 아이들은 스스로 의미를 찾아낼 수 있다. 오히려 질문과 설명을 하는 과정을 통해 교사가 기대한 것보다 아이들은 훨씬 더 많은 것을 스스로 발견하고 깊이 있는 배움을 찾아간다. 이렇게 수업을 진행하다 보면 그림책의 앞표지, 뒤표지만으로도 많은 질문과 설명이 쏟아지고 그림책에 대해 흥미가 가득해진다.

정리-반응 단계에서는 아이들에게 그림책의 내용을 상상해서 글 또는 그림으로 표현해 보라고 하였다. 어떤 아이는 글로 적고, 어떤 아이는 네 컷 만화로 그리는 등 자신이 좋아하는 방식으로 생각을 표현하기 시작한다. 이 활동은 읽기 전 활동에서 많이 진행되는 활동이다. 앞서 그림책 표지를 보고 질문하고 설명해 보았기에 아이들의 머릿속엔 다양한 생각이 가득해졌다. 그냥 그림책 내용을 상상하는 것보다 큐앤알 수업으로 다양한 생각을 나누고 나서 그림책 내용을 상상해 보면 더욱더 구체적이고 흥미롭게 이야기를 풀어낼 수 있다.

이렇게 1차시 수업 동안 그림책의 앞표지와 뒤표지를 보고 질문을 만들고, 친구와 질문하고 설명해 보고, 앞으로 펼쳐질 이야기를 상상해 보았다. 그림책의 한 쪽도 펼쳐보지 않았지만, 표지만 가지고 1시간을 꽉 채운 수업을 진행하였다. 이제 『아나톨의 작은 냄비』에 대한 아이들의 흥미와 관심은 가득해졌다. 아이들은 빨리 그림책을 펼쳐보고 싶어 두 눈이 반짝거린다.

이렇게 멋진 생각을 한다고?

2차시 수업의 배움 목표는 '문학 작품을 읽고 재미나 감동을 느낀 부분을 찾기'이다. 아이들이 재미나 감동을 느낀 부분을 잘 찾기 위해서는 그림책 내용을 깊이 있게 이해해야 한다고 생각하였다. 그림책을 깊이 있게 이해하기 위해 아이들의 질문과 생각이 가득한 큐앤알 수업으로 구상하였다.

그림책을 가지고 수업을 진행한다고 했을 때, 그림책을 아이들이 각자 읽어 볼 수도 있고, 교사가 대표로 읽어줄 수도 있다. 나는 주로 교사가 대표로 먼저 읽어주고, 아이들이 다시 한번 각자의 속도에 맞춰 그림책을 읽어보도록 한다. 교사가 대표로 그림책을 읽어줄 때의 장점은 아이들과 함께 호흡하며 그림에 집중하여 읽을 수 있다는 것이다.

『아나톨의 작은 냄비』의 경우 이자벨 카리에 작가가 그림책의 그림도 직접 그렸기 때문에 그림에도 담겨있는 이야기가 참 많았다. 이 한 권의 그림책을 온전히 이해하기 위해서는 글뿐만 아니라 그림도 아주 자세히 살펴보아야 한다. 그림을 자세히 보다 보면 재미와 감동이 배가 될 것이다.

그림책의 첫 장을 넘기자, 연두색 바탕에 꽃으로 가득한 면지가 나온다. 그림책의 면지에도 작가는 다양한 생각을 담아 둔다. 면지만 보아도 이 책이 어떤 의미를 담고 있는지 알 수 있을 때가 많다. 면지는 작가의 마음을 나타낼 때도 있는데, 여기서 아이들에게 "작가의 마음이 꽃으로 가득한가 봐요."라고 말해주었다.

아이들이 고개를 끄덕거린다. 그리고 아이들이 그림책을 읽는 시간에 집중할 수 있도록 작은 미션을 주었다. 바로 냄비의 의미를 생각해보며 그림책을 읽어보는 것이다. 냄비의 의미를 장애라고 단정 짓지 않았기 때문에 아이마다 다양한 의미를 만들어 낼 수 있을 것이라 기대하였다. "아나톨에게 냄비란 어떤 의미인지 생각하면서 그림책을 읽어봅시다."라고 이야기를 덧붙인다. 아이들이 냄비의 의미를 어떻게 만들어 나갈지 궁금하고 기대되었다.

아이들은 설레는 눈빛으로 그림을 바라본다. 아이들이 텔레비전 화면을 가득 채운 그림을 보는 동안 교사가 그림책 내용을 읽어준다. 그림 한 컷 한 컷 아이들이 충분히 살펴볼 시간을 주면서 천천히 글을 읽어준다. 아나톨이 냄비 때문에 힘든 상황이 반복될 때 아이들이 아나톨의 감정에 잘 이입하여 따라오고 있는지 확인할 수 있는 질문을 던진다.

"지금 아나톨은 어떤 마음일까요?" 간단하면서도 아이들이 집중하고 있는지 확인할 수 있는 질문이다. "화나요.", "속상해요.", "답답해요.", "냄비 때문에 마음대로 되지 않아서 우울해요." 등 아나톨의 마음에 공감하는 말들을 한다. 아이들은 그림책의 이야기에 완전히 몰입하였다.

아나톨이 꽃무늬 옷을 입은 아주머니를 만났다. 냄비와 함께 살아가는 법을 배우고, 잘하는 것이 무엇인지도 깨닫게 된 장면에서 다시 아나톨의 마음이 어떨지 질문을 던진다. "기쁘고 행복해요.", "다시 희망이 생긴 것 같아요.", "아주머니께 감사하고 뿌듯할 것 같아요." 등 아이들은 역시나 아나톨의 마음을 잘 헤아려서 표현한다. 처음부터 끝까지 아이들은 그림책의 이야기에 몰입하여 함께 읽었다.

그림책 읽기가 다 끝나고 나면 본격적으로 질문을 만들 차례이다. 질문을 통해 이야기를 깊이 있게 이해해야 이야기에서 재미와 감동을 더 많이 느낄 수 있을 것이다. 아이들에게 이야기에 대해 궁금한 것, 이해가 잘 안되는 것, 더 알고 싶은 것을 질문으로 만들어 적어보라고 한다. 표지를 보고 질문 만들기 했을 때처럼 아이들에게 질문을 만들

시간을 주고, 전체적으로 질문을 발표할 기회를 준다. 아이들의 질문에 아낌없이 칭찬을 해주니 아이들은 더욱더 적극적으로 발표하려고 손을 든다. 아이들의 반짝이는 생각을 담은 다양한 질문이 넘쳐난다.

- 꽃무늬 옷을 입은 아주머니는 왜 아나톨에게 말을 걸었을까요?
- 아나톨은 왜 냄비에 숨으면 편해질 것으로 생각했을까요?
- 사람들은 왜 아나톨의 냄비를 이상하게 쳐다봤을까요?
- 냄비는 무엇을 의미할까요?
- 냄비와 연결된 줄을 아나톨이 가위로 자르지 않은 이유는 무엇일까요?
- 아주머니가 선물한 가방은 어떤 의미일까요?
- 아나톨의 옷 색깔은 왜 변할까요?

‘잠깐! 무언가 이상하다. 아나톨의 옷 색이 변한다고?’ 나는 이 수업을 준비하면서 그림책의 내용을 깊이 있게 이해하고 아이들의 질문과 생각이 가득한 수업을 디자인하기 위해 그림책을 정말 열심히 읽었다. 빠르게 읽기도 하고, 한 장 한 장 천천히 읽기도 하고, 글만 읽기도 하고, 그림만 꼼꼼히 살펴보기도 했다. 소리 내어 읽기도 하고, 눈으로만 읽기도 하고, 앞장과 뒷장의 그림을 비교해 보면서도 읽어보았다.

그런데 나는 아나톨의 옷 색깔이 바뀐다는 것을 전혀 눈치채지 못하고 있었다. 친구의 질문을 듣고 놀란 아이들이 다 같이 그림책을 살펴보기 시작한다. 그림을 찬찬히 살펴보니 정말 아나톨의 옷 색깔이 변하는 것이 아닌가? 아나톨의 크기가 줄어드는 것뿐만이 아니라 옷 색깔도 함께 변하는 것이었다. 나는 수업을 준비하며 그림책을 열심히 읽고 내용을 온전히 다 이해했다고 생각했었다. 하지만, 아이의 질문을 통해 비로소 작가가 그림 속에 중요하게 담아둔 의미를 알게 되었다. 더구나 색이 거의 사용되지 않은 이 그림책에서 아나톨의 옷 색깔은 참 많은 의미를 담고 있는 중요한 부분이었다. 너무 놀라서 머리를 한 대 쿵! 얻어맞은 것 같았다. 색깔에 집중하며 그림책을 읽으니 또다시 새로운 세상이 열리는 기분이었다.

선생님도 몰랐던 사실을 발견했다고 칭찬을 해주니 질문을 한 아이는 깜짝 놀라며 눈빛이 더욱 반짝거린다. 자존감이 얼마나 올라갔을지 기특하고 대견하다. 아이들에게 그림책의 내용에 대해 질문을 만들어보라고 하지 않았다면 이런 멋진 질문은 나오지 못했을 것이다. 교사가 단순히 그림책의 내용을 확인하는 질문을 하고, 중요한 부분에 대해 생각을 말해볼 수 있도록 했다면 어땠을까? 아마 아이들은 교사의 질문에 대한 예상 답변만 말했을 것이다. 하지만, 아이들이 스스로 질문을 만들었기 때문에 사고는 더욱 확장될 수 있고, 교사의 기대를 훨씬 뛰어넘는 멋진 생각들이 나오게 된다.

그림책, 너의 의미

내가 기대했던 것보다 아이들의 질문은 훨씬 더 깊이 있는 질문들이었다. 이런 질문이 나온 것만으로도 이 수업의 반은 성공한 것이다. 이제 아이들은 질문에 대해 나만의 의미를 만들어가야 한다. 질문에 대해 고민해 보고 나의 생각을 설명하는 것이다. 지난 차시에 그림책 표지를 보고 질문 만들고 나누기를 할 때는 짝과 함께하였지만, 이번에는 학급 전체로 열어두기로 한다.

"지금부터 질문하고 설명하는 시간을 갖겠습니다. 우리 학급 전체를 돌아다니며 내가 원하는 사람과 만나 질문하고 생각을 설명해 봅시다."라고 말했다. 이렇게 수업을 구상한 이유는 아이들에게 더욱더 허용적이고 편안한 분위기를 만들어주기 위함이다. 이렇게 함으로써 아이들은 본인이 편안하게 느끼는 친구나 선생님을 찾아가 적극적으로 질문하고 설명할 수 있다.

질문하고 설명하는 시간이 지나고, 함께 질문을 나눌 시간이다. 활동을 정리하고 교사의 말에 집중할 수 있도록 한다.

"혹시 아직 질문이 해결되지 않았거나, 친구들과 다시 한번 생각을 나눌 질문이 있으면 손을 들어주세요."라고 이야기를 하니 많은 아이들이 손을 번쩍 든다. 아이들의 다양한 생각을 인정해 주고 격려해 주니 아이들이 더욱더 적극적으로 수업에 참여하는 것은 당연하다. 눈빛이 반짝거리는 아이들. 지금 우리 교실은 모두 수업에 몰입하고 있다.

한 아이가 손을 들고 이렇게 질문한다. "아나톨의 냄비에 담긴 것은 무엇일까요?" 냄비의 의미를 생각해 보는 질문이면서 이 그림책의 의미를 깊이 있게 이해하기 위한 핵심 질문이다. 그래서 수업의 첫 부분에서 그림책을 읽으면서 아이들이 냄비의 의미를 생각해 볼 수 있도록 안내하였다. 핵심 질문은 나왔으니 이제 다양한 생각을 들어볼 차례이다. 아이들이 이 질문에 대해 어떻게 설명할지 무척이나 궁금했다.

"무거운 돌이 든 것이 아닐까요?"라고 한 아이가 대답한다. 몇몇 아이들이 고개를 갸우뚱한다. 그러더니 이내 많은 아이가 손을 번쩍 든다. "작가의 말을 읽어보면 냄비에는 눈에 보이지 않는 것이 들어있다고 했어요. 돌처럼 우리들의 눈에 보이는 것이 아니라 눈에 보이지 않는 다른 것이 들어있을 것 같습니다."라고 말한다.

세상에! 아이들은 스스로 의미를 찾아가고 있다. "그러면 냄비에 담겨있는 것은 무엇일까요?" 다시 한번 질문을 던져본다. "작가님 말씀처럼 누구나 가지고 있지만, 눈에는 보이지 않는 것… 나를 힘들게 하는 나쁜 생각이나 감정이 아닐까요? 눈에 보이지 않지만, 늘 나와 함께 있고, 때론 나를 힘들게 하니까요."라고 말한다.

이게 10살 아이의 입을 통해 나온 생각이 맞는지 놀랍고 신기할 지경이다. 너무 멋진 생각을 이야기해 줘서 감동이라고 이야기 해주었다. 아이의 말에 감동하여 나도 모르게 눈물이 핑 돌았다. '이 그림책의 내용이 너무 어렵지 않을까?' 했던 나의 걱정이 무색할 만큼 아이들은 이 그림책의 의미를 너무나 잘 찾아가고 있었다.

어려운 것, 새로운 것을 만날수록 질문은 힘을 발휘한다. 다양한 의미를 만들어 나갈 수 있도록 그림책 수업을 아이들에게 열어 두었기 때문에 다양한 질문을 만들고 생각을 열어갈 수 있었다. 나의 기대보다 아이들의 질문은 훨씬 더 다양하였고, 그 질문들이 있었기에 그림책의 의미를 더욱더 깊이 있게 이해할 수 있었다. 질문을 통해 아이들은 성장한다.

성장하는 학생, 성장하는 교사

이제 그림책은 충분히 깊이 있게 이해하였다. 아이들은 각자 나름대로 책의 의미를 이해하였고, 다양한 생각을 만들었다. 다음은 정리-반응 단계이다. 이 수업의 배움 목표로 다시 돌아가 보자. 배움 목표는 '문학 작품을 읽고 재미나 감동을 느낀 부분을 찾기'이다. 아이들은 그림책에서 각자 재미나 감동을 느낀 부분을 찾으면 된다. 아이들에게 재미나 감동을 느낀 부분을 찾고, 그 이유를 설명하도록 하였다. 아이마다 표현하고자 하는 방식이 다양하기 때문에 다양성을 인정해 주기 위해 자신이 원하는 방법으로 표현하도록 하였다.

글쓰기를 좋아하는 아이는 자기 생각을 풀어서 글로 적고, 그림 그리기를 좋아하는 아이는 인상적인 장면을 그렸다. 아이마다 재미나 감동을 느낀 부분은 달랐다. 아이들이 재미나 감동을 느낀 부분을 살펴보면 아이들이 이 그림책의 의미를 어떻게 받아들였는지 알 수 있었다.

- 아나톨이 냄비에 숨는 장면이 귀엽고 엉뚱해서 재미있었다. 아주머니께서 아나톨에게 냄비를 가지고 살아가는 방법을 알려줄 때 약간 감동하였다. 아나톨이 다시 명랑한 아이가 되었다고 했을 때 신나 하는 모습이 귀여웠고 재미있었다.

- 아주머니 덕분에 아나톨이 자신의 장점을 알게 되고 칭찬을 받는 장면이 감동적이었다.
- 냄비 때문에 마음대로 되지 않아 소리 지르고 화를 내던 아나톨이 냄비와 함께 살아가는 방법을 배우면서 변화되는 모습이 감동적이었다.
- 아나톨은 여전히 사랑스러운 아이라는 마지막 장면이 감동적이었다.

아이들은 각자 원하는 방법으로 재미나 감동을 느낀 부분을 표현하였다. 큐앤알 수업에서는 생각을 적은 것으로 끝내지 않고, 짝에게 자기 생각을 말로 설명하도록 한다. 배운 내용을 말로 설명해야 비로소 진정한 배움이 이루어졌다고 할 수 있다. 아이들은 자기 생각을 짝에게 말로 설명해 보며 그림책을 통해 느낀 것과 생각한 것을 내면화하고, 나와 친구의 생각이 어떻게 다른지 비교해 볼 수 있다. 아이들이 친구에게 말로 설명하는 모습을 지켜보며 모든 아이가 배움 목표에 도달했다는 것을 알 수 있었다.

『아나톨의 작은 냄비』 소재로 매년 다양한 배움 목표를 설정하여 수업한다. 교육과정 재구성을 통해 다양한 성취 기준과 연결하여 깊이있는 학습을 만들어갈 수 있었다. 독서 감상문 쓰기를 배우는 단원에서는 그림책을 읽고 큐앤알 수업을 진행한 후에 독서 감상문을 써보도록 지도하였다. 아이들은 큐앤알 수업을 통해 자기 생각과 느낌을 구체적으로 표현하였기 때문에 글을 쓸 때도 훨씬 더 풍성한 생각을 담아서 쓸 수 있었다. 친구와 질문하고 설명하는 과정은 아이들이 그림책을 깊이 있게 이해할 수 있을 뿐만 아니라, 그림책에 대한 다양한 생각을 만들도록 도와준다. 자기 생각과 느낌이 가득 담긴 독서 감상문은 당연히 좋은 글이 된다.

아이들에게 정리-반응 단계에서 나만의 냄비를 그려보도록 수업하기도 했다. 아이들이 냄비에 어떤 것들을 담을지 궁금하였다. 아이들은 나의 냄비 그리기를 무척이나 좋아했는데 그 이유는 솔직한 자신의 마음을 냄비를 통해 드러낼 수 있었기 때문이다. 나의 마음을 힘들게 하지만, 늘 나와 함께 있는 무언가. 눈에 보이는 것이든, 눈에 보이지 않는 것이든 자신이 냄비라고 느끼는 것은 무엇이든 그려 넣을 수 있도록 하였다. 크기도 모양도 색도 다양한 아이들의 냄비를 만날 수 있었다.

- 나의 냄비는 나의 감정입니다. 행복, 기쁨, 슬픔, 화남, 짜증 등이 들어 있습니다.
- 나의 냄비는 때때로 달라지는 냄비입니다. 나의 냄비에는 감정들이 들어있습니다. 나의 감정은 원 모양이고, 크기는 계속 변합니다. 색깔은 감정마다 색이 다르고 알록달록합니다.
- 나의 냄비는 마음 또는 감정입니다. 나의 냄비는 그렇게 크지 않지만 큰 것같이 느껴집니다. 왜냐하면 나의 여러 가지 마음과 감정들이 들어있기 때문입니다. 냄비의 모양과 색깔은 계속 바뀝니다. 나의 마음이 바뀔 때나 감정이 변화될 때 모양과 색깔이 바뀝니다. 앞으로도 계속 그럴 거예요.
- 나의 냄비는 나 자신에 대한 생각과 압박감입니다. 왜냐하면 살아가면서 있었던 일들이 냄비에 들어가고, 그 일들이 나를 압박하기 때문입니다. 그럼에도 냄비와 같이 살아가는 이유는 살아가며 꼭 필요하기 때문입니다. (많은 학원 +3t, 완벽해야 한다는 압박감 +1t, 논 적이 없음 +2t, 하루하루가 힘듦 +2t, 학교가 재미있음 -2t이 적혀있었다.)

아이들의 냄비 그림을 칠판에 모두 붙여두었더니 친구의 냄비가 궁금한지 열심히 읽어보는 아이들. 같은 그림책을 읽었다 하더라도 각자의 생각과 느낌은 모두 다르다는 것을 아이들도 자연스럽게 알게 되었을 것이다. 그림책을 읽고 깊이 있게 이해하는 것을 넘어서 나만의 의미를 만들어가는 아이들. 큐앤알 수업을 했기에 가능했다.

작은 그림책 한 권에 담긴 묵직한 감동과 힘. 그림책의 글과 그림, 그 너머에 담겨있는 큰 의미. 그 진정한 의미를 아이들이 스스로 찾기를 간절히 원했다. 내가 이 그림책에서 얻은 감동을 말로 굳이 설명하지 않아도 아이들 스스로 온전히 느낄 수 있기를 바랐다. 선생님에게 설명을 들어서 알게 되는 것과 스스로 알게 된 것은 분명 다를 테니. 그래서 큐앤알 수업을 하였고, 아이들은 의미 있는 배움을 스스로 찾을 수 있었다.

이 모든 것은 아이들이 그림책을 읽고 질문을 만들어 보면서 시작될 수 있었다. 교사로서 아이들이 깊이 있는 질문을 만들 수 있을 것이라는 믿음을 가졌기에 아이들에게 수업을 온전히 열어줄 수 있었다. 촉진자이자 안내자로서 아이들이 질문을 만들고 그 질문에 대한 생각을 키워나가는 과정을 도와주었다. 질문을 통해 한 단계 성장하고, 다양하게 반응하면서 나만의 배움을 만들어가는 아이들. 큐앤알 수업에는 성장하는 아이들과 성장하는 교사가 있다.

제2장 너는 초코곰이야? 젤리곰이야? -『초코곰과 젤리곰』

책에 대한 소개

『초코곰과 젤리곰』이라는 책은 한 연수에서 강사님을 통해 알게 된 책이다. 초코로 만든 곰과 젤리로 만든 곰이 주인공인 책은 그림책 표지만 봐도 관심이 생긴다. 주인공이 무척이나 사랑스럽게 생겼고, 익숙한 소재들이 등장하기 때문이다. 가벼운 마음으로 책장을 한 장씩 넘길 때마다, 우리 사회의 불평등에 대해 생각하게 된다. 마지막 책장을 다 덮고도 한참을 생각하게 만드는 책이다. 글은 짧은 편이지만, 그림에 많은 의미를 담은 책이다. 그림책을 보면서 '초코곰이 어디 있지? 젤리곰은 어디 있지?'와 같은 질문을 자연스럽게 떠올리며 그림을 깊게 볼 수 있다.

저학년, 중학년, 고학년 모두에게 이 책을 읽어주었는데, 모든 학년 아이에게 반응이 좋았던 책이다. 초코곰과 젤리곰의 외모에 귀엽다며 환호성을 지르는 아이들을 볼 수 있다. 배경으로 등장하는 다양한 초콜릿, 쿠키, 젤리들은 우리 아이들이 편의점이나 마트에서 자주 사서 먹었던 제품들이라 더욱 반가워한다. 한 장을 넘기는 데 10분이

걸릴 정도로 숨은그림찾기를 하듯이 그림책을 샅샅이 살펴보는 아이들을 만날 수 있었다. 책을 여러 번 읽을 때마다 새로운 그림을 발견하고 그 속에서 의미를 찾게 되는 마법 같은 책이다.

이 책은 인종차별에 관한 이야기를 담고 있다. 초코곰과 젤리곰은 서로 사랑하는 사이지만, 젤리곰과 초코곰이 사는 사회에서 초코곰은 차별을 받고 있다. 버스에서도 초코들이 앉는 자리가 따로 있고, 수영장도 초코가 들어갈 수 있는 곳이 따로 있을 정도이다. 심지어 초코들이 들어가는 수영장 물은 젤리나 다른 사탕들이 수영하는 수영장 물을 받아서 사용한다. 이렇게 무시받는 초코곰이 젤리곰과 서로 사랑하고, 함께한다는 것은 엄청난 비난을 받는 일이다. 결국, 초코곰은 차별로 인해 마음의 병을 갖게 되고, 젤리곰과 초코곰은 차별이 없는 '가장 맛있는 나라'로 떠나게 된다. 그리고 마침내 차별이 없는 곳에 정착하여 아기들을 낳고 살아간다.

인종차별 이외 사회의 다른 차별과 관련된 문제들을 떠올리며 책을 읽을 수 있기 때문에, 모든 차별에 대한 이야기를 나눌 수 있다. '차별에 대한 이야기를 나눈다?' 너무 무겁고 재미없는 주제라는 생각이 든다. "오늘은 차별에 대해 함께 이야기를 나누어 봅시다." 이 한 문장을 들은 아이들의 반응은 어떨까? 그저 따분하고 지루한 이야기, 어려운 이야기라는 표정으로 멍하니 있을 것 같다. 하지만 "표지부터 너무나도 귀엽고 사랑스러운 책 한 권을 보자."로 바꾼다면? 가벼운 마음으로 시작할 수 있지 않을까? 그리고 책을 읽으며 귀여운 초코곰이 받는 사회의 차별에 함께 화내고 해결책을 찾으며 자연스럽게 차별이라는 주제에 관해 이야기하게 된다. 자연스럽게 우리 교실, 학교, 사회의 차별에 관해 이야기를 나누는 아이들을 만나게 될 수 있다.

수업 후 교실 책장에 총 6권의 책을 두었는데, 6학년이 끝나는 날까지 아이들이 정말 마르고 닳도록 보았던 책이다. 심지어 책에서 초콜릿 향이 나는 것 같다는 아이의 말에 온 아이들이 정말 그렇다며 책에 코를 대고 냄새를 맡을 정도였다. 새 책을 두었는데, 2학기가 되니 몇 년을 본 것과 같은 헌 책이 되어있었다. 낡아버린 책의 모습을 보고 아이들이 이 책을 무척이나 열심히 보았다는 것을 깨달았고, 뿌듯함을 느꼈다. 6학년 아이들과 졸업 전에 함께 봤던 책 중에 가장 기억에 남는 책을 물었는데, 많은 아이가 이 책을 이야기했다.

이 책은 인종차별이라는 내용을 담고 있어 고학년 아이들과 수업을 했을 때 많은 이야기를 나눌 수 있다. 국어, 사회, 도덕, 미술 등 여러 교과목을 활용하여 통합수업을 할 수 있다. 그림책을 읽고 토론하기, 뒷이야기 상상하기, 읽었던 내용 정리하기 등 국어과와 관련된 활동을 할 수 있다. 사회 및 도덕에서는 차별과 관련된 차시와 연관되어 있다. 내가 생각하는 가장 맛있는 나라 그리기 등 미술 활동도 연계하여 진행할 수 있다. 본 수업에서는 차별과 관련된 사회 차시와 국어 토론 및 뒷이야기 상상하기 차시를 통합하여 4차시 진행하였다.

수업을 준비하며

『초코곰과 젤리곰』 연수를 듣고, 6학년 아이들과 함께 수업하고 싶어서 너무나도 설렜다. 바로 6권의 책을 샀다. 그 이유는 이 책은 그림에 많은 의미를 담고 있어서 그림 장면을 하나하나씩 자세히 살펴보아야 하기 때문이다. 4명 모둠당 1권의 책을 봐야 작은 그림들도 볼 수 있고, 함께 숨은그림찾기도 하고, 여러 의미를 찾을 수 있다고 생각했다. 그리고 아이들이 이 책을 좋아하면 그다음 해에 또 구매해서 2명당 1권을 함께 봐야겠다고 다짐했다.

수업을 준비하면서 우선 나부터 다시 한번 이 책을 꼼꼼하게 살펴보았다. 저 수많은 초코곰 중에 '주인공 초코곰은 누구일까? 젤리곰은 어디 있을까?', '우리 생활에서 쓰이는 다양한 물건들을 어떤 과자, 초콜릿, 젤리로 표현했을까?'라는 질문을 스스로 던지며 정말 열심히 한 장 한 장 살펴보았다. 그리고 학생들에게 이 장면에서 어떤 것들을 찾아보면 좋을지, 어떤 숨은그림찾기 퀴즈를 내주면 좋을지 생각했다.

그리고, 한 권의 그림책을 몇 차시에 나누어 읽을 것인지, 어느 장면까지 한 차시에 담을 것인지 미리 분량을 나누는 계획을 세웠다. 나는 우선 1차시에는 표지를 보는 것으로 계획을 세웠다. 2차시에는 초코곰과 젤리곰이 서로 사랑하지만, 차별받는 현실까지 나누었다. 3차시에는 초코곰과 젤리곰이 가장 맛있는 나라를 찾아 떠나는 것으로 마무리 지었다.

마지막으로, 책에서 작가가 이야기하고자 하는 내용들을 함께 생각해 볼 수 있는 핵심 질문들을 몇 가지 미리 생각했다. 초코곰과 젤리곰의 행복한 일상-초코곰이 겪는 불평등한 현실-가장 맛있는 나라 이렇게 3가지 큰 흐름에서 꼭 이야기를 나누어야 하는 핵심 주제를 미리 생각하고 그 핵심 주제를 이야기할 수 있는 질문들을 생각했다. 아이들의 이야기에서 자연스럽게 그 질문이 나올 수 있지만, 그렇지 않고 지나갈 수도 있기 때문이다. 교사인 내가 안내자의 역할을 바로 하기 위해서는 미리 질문을 만들어 보고 어떤 이야기를 할 수 있을지 좀 더 확장할 내용이 있는지 생각하는 것이 중요하다고 생각했다.

『초코곰과 젤리곰』 강렬한 첫 만남

『초코곰과 젤리곰』 표지를 크게 확대하여 TV 화면에 띄워주며 수업을 시작했다. 역시나 "귀여워!"라는 폭발적인 반응과 함께 아이들의 눈동자가 빛나기 시작했다. 교사가 따로 말하지 않아도 "선생님, 저 젤리곰 우리가 먹는 그 곰 모양 젤리 같아요.", "제목에 비스킷을 누가 한 입 먹었어요."라며 신이 나서 이야기하기 시작했다. 학생들을 주의 집중시킨 뒤, "이 책은 그림 장면 하나하나 살펴볼 것들이 많아요. 선생님과 함께 한 장씩 넘겨요. 미리 뒤의 내용을 보지 않고, 궁금하더라도 현재 우리가 보고 있는 장면에 집중합시다."라고 안내하였다. 귀여운 두 주인공이 즐겁게 살아가는 이야기 같지만, 사회의 어두운 모습을 담고 있기 때문에 장면 전환 전에 꼭 이야기를 나누어야 하는 내용이 있다. 함께 이야기를 나누고 해당 장면들을 보았을 때와 혼자 그저 빠르게 훑어보다가 해당 장면을 보았을 때 아이들이 느낄 수 있는 메시지가 굉장히 다르다는 생각에 위와 같은 안내를 했다.

책 표지를 5분간 함께 보고, 책 표지에서 발견한 내용에 관해 이야기를 나누었다. 아이들은 "초코곰이랑 젤리곰이랑 덮고 있는 담요가 제가 어제 먹은 초콜릿 봉지예요.", "책상이 초코로 만들어졌어요.", "전등도 젤리로 되어있고 전선이 초코로 만들어졌어요."라며 신나는 목소리로 이야기를 했다. 여러 번 책을 봤는데도 내가 찾지 못했던 것들을 아이들은 다 찾아내고 있었다. 책 표지 한 장면에도 와글와글 이야기를 쏟아내는 아이들과 이번에는 책 표지를 보고 궁금한 질문을 2가지 써보라고 하였다.

- 제목에 비스킷은 누가 먹은 걸까?
- 초코곰과 젤리곰은 어떤 관계일까?
- 초코곰과 젤리곰이 사는 곳은 어디일까?
- 초코곰과 젤리곰의 성별은 어떻게 되는 것일까?
- 초코곰과 젤리곰은 무엇을 보고 있을까?

위와 같은 질문들을 만들었다. 질문을 만든 뒤 친구들과 1:1로 만나 서로의 생각을 나누었다. 그리고, 친구의 질문 중 좋았던 질문을 발표하고, 전체 친구들과 이야기 나누고 싶은 질문들도 발표하여 칠판에 정리하였다. 그리고 함께 생각을 나누는 시간을 가졌다.

"초코곰과 젤리곰의 성별은 어떻게 되는 것일까?"라는 질문에 대해 생각을 나누다가 아이들 간의 의견 차이가 벌어졌다. 한 아이가 "젤리곰은 분홍색이니까 여자고, 초코곰은 남자인 것 같다."라고 이야기했다. 그 말을 듣고 다른 아이가 "분홍색이라고 여자일까? 남자색과 여자색은 없는 것 아니야?"라며 반문을 하였다. 이와 관련하여 남자색, 여자색이 있는 것인가, 왜 그렇게 사람들은 생각하는 것인가에 대해 좀 더 심화하여 대화를 진행했다.

내 생각보다 6학년 아이들의 생각이 깊다는 것을 느꼈고, 이 책을 읽으며 정말 많은 이야기를 할 수 있을 것 같아 설렜다. 질문 나누기 활동을 마치자 어떤 이야기인지 너무나도 궁금하다며 얼른 책장을 넘기자는 아이들의 원성이 자자하였다. 하지만, 정리-반응하기 활동으로 어떤 책 내용이 펼쳐질 것인지 글, 그림 등으로 표현하는 시간을 가졌다. 6학년 우리 반 아이들은 다양한 로맨스 소설을 펼쳤다. 초코곰과 젤리곰이 서로 만나 사랑에 빠지는 연애 스토리에 우리 반 전체가 핑크빛 몽글몽글한 분위기로 바뀌었다. 발표를 들으면서 "아~ 뭐야~~"라며 괜히 큰소리치지만, 입꼬리가 올라가며 행복한 미소를 짓는 아이들을 보면서 '6학년이 어쩜 이렇게 귀여울 수 있을까?'라는 생각을 했다. "선생님, 진짜 표지만 봐요?", "선생님, 진짜 한 장이라도 봐요. 이런 게 어디 있어요."라며 아이들은 표지만 볼 수 없다는 반응을 보였다. "이번 시간은 표지만 볼 거예요."라는 말에 아이들은 안 된다며 절망적인 표정을 지었다. "다음 시간도 국어 시간이네요. 다음 시간에 책 보는 건가요?"라는 한 아이의 질문에 "국어가 기다려진 건 처음이에요."라며 기대하는 아이들의 표정을 볼 수 있었다. '아니, 이 책이 이렇게나 기다려진다고?' 나의 예상보다 아이들은 이 책을 훨씬 사랑하였다.

국어 2시간으로 1시간은 표지를 보았고, 그다음 국어 수업으로 초코곰과 젤리곰 수업을 이어 진행하였다. 국어 2시간을 연달아 진행하면 아이들이 어쩜 이럴 수가 있냐며 절망에 빠진 목소리로 나를 원망하였는데, 이번 시간에는 다른 분위기였다. "자, 표지를 한 장 넘길게요."라는 말에 아이들은 "와, 1시간 만에 표지 넘겼어.", "드디어!"라며 환성을 지르기도 하였다. 표지를 넘기면 작가의 생각과 그림책의 분위기를 나타내는 면지가 등장한다. 이 책의 면지는 다양한 디저트의 단면이 나와 있는데, 아이들은 입맛을 다시며 어떤 디저트인지 관심을 가지고 그림들을 살펴보았다.

그리고 초코곰과 젤리곰이 첫 장면에 등장한다. 초코곰과 젤리곰이 서로 처음으로 만나는 장면인데, 초코곰과 젤리곰이 출근하는 풍경이 그려져 있다. 그런데, 여기서 똑같이 생긴 초코곰과 젤리곰이 여럿 등장한다. 자연스럽게 질문이 떠오른다. "누가 주인공 초코곰이랑 젤리곰이야?"라며 아이들이 웅성거리기 시작했다. 1분 동안 그림을 살펴보며 주인공을 찾고, 그 이유를 설명해야 한다는 미션을 주자 아이들의 눈빛은 반짝인다.

1분이 끝나고 모둠 친구들과 함께 이야기를 나누도록 한다. "얘가 주인공이야. 제일 앞에 있잖아.", "아니야, 얘가 주인공이야…."라며 아이들의 의견이 분분하다. 와글와글 이야기꽃을 피우다 보면 아이들의 생각이 하나로 합쳐진다. "어! 얘네 둘만 서로 마주 보고 있어.", "맞아, 서로 처음 봤다고 안녕이라고 인사했잖아.", "와, 찾았다!"라며 대화를 통해 모두가 하나가 되는 의견을 모으게 된다.

뿌듯해하는 표정을 가진 아이들과 함께 그다음 장면으로 넘어간다. 젤리곰의 시점에서 초코곰을 바라보고, 초코곰의 시점에서 젤리곰을 바라보는 장면에서도 주인공 젤리곰과 초코곰을 찾는 숨은그림찾기는 계속된다. 자연스럽게 내가 그렇게 생각하는 이유에 대해서 친구들에게 논리적으로 이야기를 하게 된다. 이는 6학년 주장과 근거를 바탕으로 내 생각을 펼치는 수업 주제와도 연결된다. 숨은그림찾기 하듯이 그림을 보면서 초코곰과 젤리곰의 행복한 나날들을 살펴본다.

▌귀여운 그림 속에 담긴 묵직한 메시지

그러던 중, 드디어 문제가 시작된다. 첫 번째 문제는 초코곰과 젤리곰이 버스에 함께 탈 수 없다는 것이다. 초코들은 버스 뒷자리 지정된 자리에만 앉아야 하고, 초코가 아닌 디저트들은 그 앞자리들에 앉을 수 있다. 이 사실을 하나의 그림 장면으로 보여주는데, 이 장면 어디서 많이 본 익숙한 장면이다. "5학년 때 우리 배웠던 책이에요.", "사라 그 버스 책 거기서 봤어요."라는 학생들의 목소리가 터져 나온다. 5학년 국어책에 나온 『사라 버스를 타다』에서 사라가 버스에서 차별받는 장면을 그대로 그린 것처럼 묘사되어 있다. 아이들은 5학년 때 배운 내용을 떠올리며 "인종차별이네."라고 이야기를 한다.

그다음 장면은 더 충격적이다. 디저트들이 함께 사용하는 수영장에 초코곰과 젤리곰이 함께 가는데, 그 수영장도 차별 그 자체이기 때문이다. 초코들이 사용하는 수영장은 맨 아래 위치했고, 그 위에 초코가 아닌 디저트들이 사용하는 수영장이 있다. 그런데 다른 디저트들이 사용하는 수영장 물이 구멍을 통해 초코들이 사용하는 수영장으로 떨어진다. 즉, 초코들은 다른 디저트들이 놀았던 물로 수영을 하는 것이다. 불만과 화가 섞인 말들이 터져 나오기 시작한다. 이 장면에서 책장 넘기는 것을 멈춘다. 그리고 궁금한 질문을 써보도록 했다. 핑크빛 몽글몽글한 즐거운 분위기에서 갑작스럽게 아이들은 심각한 표정으로 바뀌어 공책에 질문을 적기 시작한다. 친구들과 교실을 돌아다니며 1:1로 만나서 서로 질문을 1가지씩 말하고 그에 대해 생각을 나누도록 하였는데, 아이들 모두 초코곰의 입장이 된 것처럼 열심히 이야기를 나눈다. 다음은 아이들이 했던 질문들이다.

- 왜 하필 초코들이 차별받는 것일까?
- 초코곰의 마음은 어땠을까?
- 차별받는 초코들은 왜 저항하지 않는 것일까?
- 전체가 다 초코인 초코곰과 초코가 조금 들어간 과자는 차별의 정도는 어떻게 다를까?

차별받는 상황에 대한 질문으로만 칠판이 가득했다. 미리 생각했던 나의 질문들과 비슷한 질문들이 모두 아이들의 입에서 나왔다. 하지만, 내 생각보다 더 깊이 있는 질문들이 많았다.

학생 1: 왜 하필 초코들이 차별받는 것일까?
학생 2: 사라 책에서 흑인이 차별받았잖아. 흑인의 피부색이랑 초콜릿이 비슷해서 그런 거 아니야?
학생 3: 인종차별 이야기를 하는 그림책인 것 같아.

학생 4: 수영장 그림을 보니까 같은 비스킷인데, 크림이 들어간 비스킷은 위쪽 수영장에 있고, 초코가 들어간 비스킷은 아래쪽 수영장에 있더라. 초코가 들어가면 다 차별받는 것 같아.
학생 5: 초코가 조금이라도 들어가면 차별받는다고? 그러면 전체가 다 초코인 초코곰은 더 심한 차별을 받을까?
학생 6: 아니, 색으로 그렇게 차별하는 것은 너무한 거 아니야?
학생 5: 초코가 어때서, 초코가 제일 맛있는데.
학생 4: 너무 맛있어서 질투를 하나 봐.
학생 5: 초코를 먹으면 이가 썩으니까, 초코가 나쁘다고 생각하는 건가?
학생 6: 사탕이나 젤리도 다 이를 썩게 하는데, 초코한테 왜 나쁘게 하는 걸까?

버스 장면 때문인지 자연스럽게 인종차별과 같은 이야기에 대한 주제가 나왔고, 피부색에 따른 차별이 불합리하고 폭력적이라며 이야기하는 아이들이 많았다. 자연스럽게 초코곰이 얼마나 속상할 것인가에 대한 이야기로 연결되었고, 초코곰의 마음에 공감하며 함께 슬퍼하는 분위기로 이어졌다. 그러던 중 한 아이의 질문으로 다음과 같은 논의가 이어졌다.

학생 1: 아니, 저렇게 차별받는데 초코곰들은 왜 가만히 있는 거야.
학생 2: 그럼 어떻게 해야 할까?
학생 1: 저항해야지. 초콜릿들끼리 힘을 합쳐서 이건 아니라고 해야지.
학생 2: 저항해도 소용없으니까 그런 거 아닐까?
학생 3: 맞아, 초콜릿들은 힘이 없잖아.
학생 1: 그래도, 저렇게 계속 살 수는 없잖아. 나라면 가만히 있지 않을 거야.

힘이 없는 초코니까 그냥 속상해도 저렇게 지낼 수밖에 없다는 입장과 초코들끼리 힘을 합쳐서 바꾸어야 한다는 입장으로 나뉘었다. 자연스럽게 정리-반응하기 활동으로 초코곰이 이러한 상황에서 어떻게 할 것인지 글, 만화 등으로 표현하기를 했다. 대부분 차별이 없어지고, 초코곰과 젤리곰이 행복하게 지내는 내용이었다. 초코곰이 차별받는 사회에서 벗어나 젤리곰과 그저 행복하게 살기를 바라는 아이들의 마음이 간절하게 드러났다.

이야기를 마치고 다음 시간에 책을 마저 읽도록 안내했다. 모둠의 책은 교사가 다시 걷었고, 다음 국어 시간에 다시 함께 보기로 했다. 그러자, "선생님, 이거 완전 드라마예요. 어떻게 여기서 끊어요?", "나 도서관 가서 찾아서 읽을 거야. 궁금해서 안 되겠어."라며 아이들이 아쉬운 마음을 가득 드러냈다. 그리고 자연스럽게 어떤 이야기가 펼쳐질지 쉬는 시간에도 이야기를 나누는 아이들의 모습을 볼 수 있었다. "선생님, 그래서 내일 국어가 몇 교시예요? 설마 6교시는 아니겠죠?"라고 묻는 아이도 있었다. 체육이나 미술도 아니고, 국어가 몇 교시인지 묻는 아이들의 반응을 보니, 이 책이 정말 엄청난 책처럼 느껴졌다.

다음 날 국어 시간 드디어 아이들이 기다리던 뒷이야기를 읽게 되었다. 함께 한 장면씩 생각하며 보자는 약속 때문에 뒷이야기를 안 찾아보고 의리를 지켰다며 뿌듯한 표정으로 이야기를 하는 아이도 있었다. 어제까지 읽었던 내용을 다시 한번 확인하는 시간을 가졌다.

- 초코곰과 젤리곰은 서로 사랑하는 사이예요.
- 초코곰은 초코곰끼리 놀아야 하고, 젤리곰은 젤리곰끼리 놀아야 한다고 했어요.
- 초코곰은 버스에서도 차별받고 젤리곰이랑 앉을 수 없었어요.
- 초코들은 수영장에서도 다른 디저트들이 놀던 물에서 놀아야 했어요.

어제 읽었던 내용을 다시 떠올리면서 역시나 버스, 수영장 사건에서는 너무하다는 반응들이 다시 쏟아져 나왔다. 그리고 다시 모둠별로 나누어준 책으로 함께 이야기를 이어갔다.

초코곰은 결국 마음의 병을 얻게 되었다. 그리고 마시멜로 의사 선생님을 찾아가게 된다. 의사 선생님이 알려준 '가장 맛있는 나라'를 찾아 떠나기로 결정한다. 가장 맛있는 나라로 가면서도 초코곰과 젤리곰이 함께 다닌다는 이유로 손가락질을 받는 모습에 아이들은 또 한 번 속상해하였다. "같이 다니는 것은 젤리곰 마음이라고, 너무하네.", "근데 가장 맛있는 나라가 어딜까?"라며 아이들의 관심이 가장 맛있는 나라에 쏠렸다. 모둠별로 이 질문과 관련하여 함께 이야기를 나누었다. "초코가 가장 맛있으니까, 초코곰이 대접받는 나라 아닐까?", "의사 선생님이 마음이 아픈 초코곰한테 알려준 나라니까 초코곰이 제일 인정받는 나라일 것 같아.", "초코곰도 차별 없이 지낼 수 있는 나라 아닐까?"라며 나름의 근거를 가지고 가장 맛있는 나라에 대해 의견을 내놓았다.

초코곰과 젤리곰이 지쳐 있을 때, 가장 맛있는 나라로 가는 버스를 타게 된다. 그리고 그 버스의 장면은 앞서 초코곰이 상처를 받았던 버스와는 전혀 다른 모습이다. "얘들아, 초코곰이랑 젤리곰이랑 같이 앉았어.", "여기는 초코곰이 따로 앉지 않아.", "초코곰이랑 젤리곰 표정 봐. 행복해보여."라는 말과 함께 학생들이 기쁨의 환호성을 터뜨렸다.

도착한 가장 맛있는 나라는 모든 맛이 함께 노는 나라이다. 초코곰과 젤리곰은 그 나라에서 살기로 마음먹게 된다. 그리고 아기들도 낳고 행복하게 사는 모습으로 이야기가 마무리된다. 아이들은 "와, 행복한 결말이야. 둘이 함께 행복하게 지내게 되었어.", "아기들 좀 봐. 젤리랑 초콜릿이랑 섞여 있어. 귀엽다."라며 뿌듯한 표정으로 그림책 마지막 장면을 유심히 살펴보았다.

그림책 표지 뒷장을 함께 보니 초코곰과 젤리곰의 아기들이 있는 장면으로 구성되어 있다. 그림책을 다 읽고 난 뒤 그림책 표지를 펴서 앞 뒷장을 연결해 함께 보도록 하였다. 초코곰 젤리곰 둘만 있는 공간인 줄 알았는데, 알고 보니 아기를 낳고 함께 사는 모습이었던 것이다. "아, 처음에 이렇게 봤으면 둘이 행복하게 사는 것 알았을 텐데, 선생님께서는 알고 계셨죠?"라고 묻자, "그럼, 알고 있었지. 마지막 장면까지 보고 알려주려고 말 안 했어."라고 대답했다. "앞으로는 그림책 표지 두 장을 다 봐야겠어."라며 스스로 깨달음을 얻는 아이들의 모습을 볼 수 있었다.

이야기의 결말을 보고 궁금한 내용을 공책에 2~3가지 쓰고, 친구들과 이야기하는 시간을 가졌다. 학급 아이들은 다음과 같은 질문들을 만들었다.

- 누가 젤라코이고, 누가 초코틴일까?
- 결국 가장 맛있는 나라는 어떤 나라일까?
- 초코곰과 젤리곰의 다른 가족들은 어떻게 되었을까?
- 초코곰의 마음은 어떨까?
- 젤리곰의 마음은 어떨까?

그때, 한 아이가 “초코곰이 원래 살던 곳은 계속 다른 초코곰들이 차별받을 텐데, 그냥 떠나는 게 맞는 거야?”라는 질문을 하였다. “초코곰은 힘들어서 떠났잖아. 행복해졌으니 된 거 아니야?”라고 친구가 답하자 “그럼, 원래 살던 곳의 초코곰들은 그냥 가장 맛있는 나라로 떠나야만 하는 거야?”라고 다시 질문하였다. “그냥 사는 초코곰도 있고 힘든 초코곰들도 있으니까 선택하겠지?”라고 다시 답하였다. 그러자 “원래 살던 곳이 바뀌는 게 더 좋은 거 아니야? 이사할 필요도 없고, 원래 가족들이랑도 같이 살 수 있잖아.”라며 슬픈 표정을 지었다. “그림책 보니까 가족들이 따로 있는 것 같지 않던데?”라고 이야기를 하였다. 그러자 “만약에 부모님도 있고 사촌도 있으면… 남겨진 그 가족들은 계속 차별받을 텐데?”라며 계속 질문을 이어나갔다. 둘의 대화는 진지하게 계속 오갔다. 서로 생각을 듣고 질문하였지만, 둘 다 명쾌하게 해결되지 않은 것 같았다.

마지막 차시에 함께 토론하고 싶었던 주제를 생각한 아이의 질문에 나 역시 너무나도 놀랐다. ‘저 질문을 떠올릴 수 있다니, 나라면 6학년 때 저 질문을 떠올릴 수 있었을까?’ 이와 관련하여 아이들과 다음과 같은 대화를 나누고, 다음 차시에 대하여 안내하였다.

교사: 이 책은 우리 사회의 어떤 차별을 이야기하고 싶은 것일까요?
학생 1: 인종차별이요.
교사: 왜 그렇게 생각하나요?
학생 2: 『사라 버스를 타다』 장면을 따라 한 것 보니까 인종차별 같아요.
학생 3: 흑인 차별을 초코곰으로 나타낸 것 같아요.
교사: 인종 차별 말고 또 다른 차별들은 어떤 것들이 있을까요?
학생 1: 성차별이 있어요.
학생 2: 가난한 사람이랑 부자랑 차별하는 거요.
학생 3: 공부 잘하는 사람이랑 공부 못하는 사람이랑 차별하는 거요.
교사: 가장 맛있는 나라로 떠나는 것이 최선의 선택일까? 그 이유가 무엇일까? 이 내용에 대해서 다음 시간까지 생각해 보도록 해요. 다음 시간에 이 내용으로 친구들과 함께 이야기 나눌게요.

정리-반응하기 활동으로 지금까지 초코곰과 젤리곰 이야기를 읽고 중요한 사건을 정리하여 4~6컷 짧은 만화 그리기를 하였다. 중심 사건을 시간 순서로 정리하는 차시와 연결하여 수업을 진행하였기 때문이다. 초코곰과 젤리곰 캐릭터 자체가 그리기 어렵지 않아서 간단하게 그릴 수 있기에 만화 그리기로 표현하도록 하였다. 글자 없이 그림으로만 표현한 아이도 있고, 말풍선을 넣어서 대화체 형식으로 넣은 아이도 있었다. 활동 후에는 모둠 친구들과 함께 서로의 작품을 감상하는 시간을 가지며 마무리하였다.

서로의 생각을 나누는 토론하기

마지막 4차시는 토론으로 마무리하였다. 지난 시간에 한 아이가 던진 질문에 대해 친구들과 생각을 정리하는 것이었다. 토론의 주제는 '초코곰이 가장 맛있는 나라로 떠난 것은 옳은 선택이다.'이었다. 이에 대해 찬성과 반대의 의견이 나뉘었다. 우리 반은 6:4 정도의 비율로 찬성의 의견이 좀 더 많았다. 같은 생각을 하는 친구들끼리 모여서 함께 그 근거를 이야기하는 시간을 가졌다. 전체가 함께 모이면 의견을 말하지 못하는 아이들도 생기기 때문에, 같은 생각의 친구들 4명씩을 모아서 함께 이야기하도록 하였다. 그리고, 둘 가고 둘 남기 활동을 통해 같은 의견이지만 다른 모둠으로 구성된 친구들과도 이야기를 나누어 근거를 서로 보완하도록 하였다.

학생 1: 저 모둠에서 이렇게 이야기했어. 우리가 생각했던 거랑 좀 비슷하지?
학생 2: 저 모둠에서 말해준 건데, 이건 우리 생각 못 했던 것 같아.
학생 3: 아까 뭐라고 이야기했어? 우리 토론할 때 그 이야기 하려고 하는데, 기억이 잘 안 나서…….
학생 4: 아 맞다! 고마워, 그 이야기 토론 때 꼭 해야겠다.
학생 5: 저쪽에서 뭐라고 이유를 말할까?
학생 6: 초코들이 힘이 없으니까, 어려울 거라고 이야기하지 않을까?

토론이라면 나의 지식과 내 생각으로 논리를 펼쳐야 한다는 부담이 있다. 토론을 잘하는 아이들은 너무나도 즐겁지만, 토론이 어려운 아이들에게는 그 부담감이 너무나도 크다. 하지만, 같은 의견을 가진 친구들끼리 생각을 모으는 시간이 조금이라도 있다면, 나의 주장이 아니라 우리 팀의 주장이 되기 때문에 부담감이 덜하다. 그리고 머리를 맞대고 서로 질문하며 자연스럽게 더 많은 의견을 생각하게 되고, 상대의 의견을 반박할 근거를 함께 생각하게 된다.

이제 토론이 시작되었다. 전체 토론으로 바로 진행되면 소수의 아이만 자신의 생각을 말할 수 있기 때문에 4명 내외로 모둠을 구성하였다. 4명 중 2명은 찬성팀, 2명은 반대팀으로 모둠원을 구성하였다. 토론을 할 때 감정이 격해져서 싸울 수 있기 때문에, 토론을 할 때는 존중어를 사용하도록 규칙을 정하고 진행하였다. 나와 같은 생각을 했던 친구들과 의견을 함께 모으고 근거도 함께 모았던 시간이 있었기에 나의 주장을 좀 더 적극적으로 펼치는 모습을 보였다.

찬성팀: 우리는 가장 맛있는 나라로 떠나야 한다고 생각합니다. 원래 살던 곳에서는 초코곰이 마음의 상처를 받아서 힘들었기 때문입니다.
반대팀: 상처를 받으면 떠나는 방법밖에 없나요? 그곳을 바꾸는 것이 좋은 방법은 아닐까요?
찬성팀: (다른 친구의 근거를 떠올리면서) 왜냐하면 초코들 중에는 불평이 없는 초코들도 있을 수 있으니까, 모든 초코들이 힘을 모을 수는 없습니다.

근거가 부족함을 느끼자 같은 의견을 가졌던 모둠 친구의 의견을 떠올려 좀 더 이야기를 이어가는 모습을 보였다. 열심히 상대편을 설득하는 모습이 사뭇 진지하였다. 평소 토론에 자신이 없던 아이들도 다른 친구들과 함께 이야기했던 내용이 있기 때문에 그 근거들을 바탕으로 좀 더 힘 있게 자신의 목소리로 이야기하였다.

4명씩 서로 토론하는 시간을 마치고 전체 친구들에게 나의 주장을 다시 한번 설득할 수 있는 시간을 가졌다.

찬성팀: 가장 맛있는 나라로 떠나야 한다고 생각합니다. 의사 선생님도 초코곰에게 가장 맛있는 나라로 떠나는 방법을 알려주지 않았습니까?

반대팀: 그럼, 차별받는 초코들은 다 가장 맛있는 나라로 떠나야 하는 건가요?

찬성팀: 초코들 중에서도 떠나고 싶은 초코도 있고, 남고 싶은 초코도 있습니다. 떠나고 싶은 초코들만 떠나면 된다고 생각합니다.

반대팀: 가장 맛있는 나라도 땅 크기가 정해져 있는데, 차별받는 초코들이 다 오면 함께 살 곳이 부족해지지 않을까요?

찬성팀: 초코곰과 젤리곰이 살던 집이 전원주택이었습니다. 땅이 부족해지면 아파트와 같은 건물로 바꾸면서 같이 살면 된다고 생각합니다.

반대팀: 초코들이 차별받는 나라가 있으면, 젤리가 차별받는 나라도 있지 않을까요? 만약 그렇다면 차별받는 디저트들은 다 가장 맛있는 나라로 올 텐데, 집도 부족하고 그러면 또 차별이 생기지 않을까요?

찬성팀: 초코곰이 차별받는 곳에서 다른 디저트들이 초코들을 무시하는데, 초코들 이야기를 들어주지 않을 것 아닙니까? 어차피 이야기 들어주지 않을 것인데 초코들만 괜히 더 차별받게 되면 어떡합니까?

반대팀: 초코들끼리 힘을 합쳐서 맞서 싸워야죠. 초코들이 다 같이 모이면 힘이 강하니까 다른 디저트들도 함부로 하지 못할 겁니다. 우선 일부터 안 한다고 하면, 초코들 없이 공장 일을 어떻게

합니까? 다른 디저트들이 초코들의 이야기를 들어줄 수밖에 없습니다.
찬성팀: 초코들 중에서 그냥 살고 싶은 초코들도 있을 것 아닙니까? 모든 초코들이 모이는 것은 아니지 않을까요? 그리고 싸움이 벌어지면 다치는 초코들도 생길 텐데, 서로 폭력을 하게 되면 어떡합니까?
반대팀: 서로 폭력을 사용하지 않도록 해야죠. 그러면 차별을 받을 때마다 다른 곳으로 도망가야 합니까? 가장 맛있는 나라에서도 차별을 받게 되면 또 어디로 가야 합니까?
찬성팀: 가장 맛있는 나라는 모든 맛이 함께 사는 곳이니까 차별이 없죠.
반대팀: 돈이 많은 디저트가 있을 수도 있고 다른 차별이 있을 수도 있겠죠.

6학년 아이들의 생각이지만, 6학년 수준의 생각이 아니었다. 교사인 나보다 더 날카롭게 논리를 펼치는 아이들도 있었다. 그리고 이 대화에서 어른들이 현재 겪는 사회 문제들의 모습이 그대로 드러난다는 것을 느꼈다. '초코곰과 여러 디저트에 관한 이야기들을 하는데 왜 우리 사회와 어른들이 겪는 고민이 그대로 드러나는 것일까?'

팽팽한 의견이 대립하면서 점점 의견이 바뀌는 아이들도 있었다. 마지막으로 생각이 바뀐 아이들이 있는지 확인해 보았다. 결과는 '현재 사는 곳을 바꾸어야 한다.'가 더 많아졌다. 토론을 시작할 때에는 '초코곰이 가장 맛있는 나라로 떠나는 것은 옳은 선택이다.'라는 주제에 대해 찬성팀이 6 반대팀이 4의 비율이었다. 토론을 마치고 나니 찬성팀이 4 반대팀이 6의 비율로 바뀌었다. 정리-반응하기 활동으로 토론을 하면서 느낀 점을 나누고, 생각이 바뀐 아이들은 왜 생각이 바뀌었는지 등 이야기를 나누는 시간을 가졌다.

학생 1: 같은 생각을 가진 친구들이랑 이야기하면서 제가 생각하지 못한 것들을 이야기할 수 있어서 좋았어요.
학생 2: 다른 쪽 입장을 듣다 보니 이해가 가는 부분도 있었어요.
학생 3: 또 차별받으면 어디로 가야 하냐는 이야기 때문에 생각이 바뀌었어요.
학생 4: 맞아요. 저도 그 이야기 때문에 생각이 바뀌었어요.
학생 5: 차별은 진짜 나쁜 것 같아요. 차별하지 않았으면 좋겠어요.
학생 6: 우리 교실에서도 친구들끼리 여자라고 남자라고 차별하기도 하는데 안 그래야겠어요.

인종차별을 다룬 책이었지만, 함께 이야기를 나누면서 우리 교실의 문제도 생각하게 되었다. 초코곰의 입장이 되어 차별이 얼마나 나쁜 것인지 함께 느끼고, 분개했기에 아이들은 교실 속에서도 차별이 발생하지 않기를 바라는 마음을 드러냈다. 학급 회의에서도 이 책의 내용을 바탕으로 서로 차별하지 않았으면 좋겠다는 의견들이 나왔다. "야, 너 차별하지 마. 『초코곰과 젤리곰』 책 읽은 지 얼마나 되었다고 이러는 거니?", "나 방금 초코곰처럼 차별받은 것 같아."라며 교실에서 일어나는 갈등 상황에서 책의 이야기를 바탕으로 자신의 입장을 이야기하였다. 그리고 이러한 대화들을 통해 친구의 마음을 더욱 쉽게 이해하는 아이들의 모습을 볼 수 있었다. 그림책의 이야기가 우리 교실 문화에도 녹아들기 시작한 것이다.

수업을 통해 아이들도 교사도 『초코곰과 젤리곰』이라는 책을 더욱 좋아하게 되었다. 아이들의 질문이 중심이 되었고, 생각을 나누는 과정을 통해 책의 메시지를 깊이 이해할 수 있었기 때문이다. 수업하는 동안 아이들의 눈이 반짝반짝 빛났다. 아이들 스스로 질문을 생각했다. 질문에 대한 생각을 나누며 서로를 더 이해하게 되었다. 나아가 우리 교실의 문화도 함께 바꿀 수 있었다.

제3장 너의 고민은 무엇이니?- 『고민 식당』

책을 읽기 전 『고민 식당』 뜯어보기

다양한 그림책 중에서 『고민 식당』을 선정한 이유는 또래 아이들이 하는 고민이 수록되어 있어서 책을 읽는 아이들의 공감을 불러일으킬 수 있기 때문이다. 『고민 식당』은 다양한 아이들이 각자 고민을 가지고 이를 해결할 수 있는 기상천외한 음식을 먹으며 고민을 극복하는 이야기이다. 고민이 있는 사람만 주문할 수 있는 고민 식당에서 셰프의 특별 요리법이 담긴 음식을 먹으면 고민이 싹 풀리는 마법 같은 이야기이다. '고민이 없으면 주문할 수 없는 건가? 너무하네.'라고 생각할 수도 있지만, 이 세상에 고민이 없는 사람이 어디에 있을까? 아이들은 모두 자신의 고민을 생각하며 이야기에 빠져들게 된다. 모두가 각자의 고민이 있으며 그 고민은 다양할 수 있다는 생각의 확장과 다양성의 관점에서 이야기를 읽어나가면 좋다.

책을 읽기 전에 책의 표지를 보면 요리사 아저씨와 다양한 친구들의 모습이 보인다. 그리고 평소 식당에서는 볼 수 없는 특이한 이름을 가진 메뉴들이 적힌 메뉴판이 보인다. 그런데 메뉴 이름이 심상치 않다. '쭉쭉 늘어 달걀말이, 이가 딴딴 우유, 똑똑 박사 호두 파이, 같이 말아 김밥, 마음 시원 물, 눈물 그만 솜사탕, 모두 비벼 짜장면'과 같이 바라는 바가 있어 보인다. 이 음식을 먹으면 이렇게 된다는 건가 싶다.

그리고 아이들은 추측을 시작한다. "이 음식을 먹는 친구들은 이 음식을 먹게 되면 이렇게 변하는 건가요?", "저는 그러면 똑똑 박사 호두 파이를 먹고 싶어요." 각자 먹고 싶은 음식들을 외쳐보기도 한다. 그러고 나서는 책 제목에 가까워지기 위한 이야기를 한다. "눈물 그만 솜사탕을 먹는 친구는 눈물이 많은 울보인가 봐요. 그래서 저 솜사탕을 먹으면 울지 않을 수 있나 봐요.", "이가 딴딴 우유를 시키는 아이는 분명 치과 가는 걸 싫어할 거예요. 그래서 이가 단단해져서 더 이상 치과에 가고 싶지 않나 봐요.", "마음 시원 물을 주문한 친구는 마음이 답답한 고민이 있나 봐요. 저 물을 마시면 고민이 해결될까요?"와 같이 메뉴에 대해 깊이 있게 토의하며 점점 관심이 깊어진다.

제목을 가리고 이야기를 하다 보면 '고민 식당'이라는 정답이 대부분 나오지만 헷갈리거나 어려워한다면 초성 힌트를 주었을 때 바로 어디선가 제목이 튀어나올 것이다. 이미 이 책을 알고 있는 학생이 있다면 친구들이 제목을 추론할 수 있는 시간을 충분히 가질 수 있게 먼저 제목을 이야기하지 않도록 한다. 이 친구들에게 다섯 고개 형식으로 힌트를 주거나 스무고개 형식으로 다른 친구들의 질문에 대답하며 정답에 가까워질 수 있도록 도와주는 역할을 맡겨도 좋다.

선생님들이 그림책 수업을 할 때 유명한 책일 경우 이미 읽은 학생들이 있어 그 친구들은 지루해하거나 재미없다고 느끼면 어떻게 하나 걱정하기도 한다. 생각의 전환으로 이 학생들에게 도우미 역할을 부여하면 친구들에게 도움을 주면서 자기효능감을 느끼기도 하고 수업에 더 재미있게 참여할 수 있다.

이렇게 그림책 수업을 여는 첫 질문은 "이 책 표지에서 무엇을 볼 수 있나요?", "책 제목은 무엇일까요?"이다. 표지를 꼼꼼하게 살펴본 뒤에 제목을 맞힐 때는 단순하게 책 제목만 이야기하는 것보다는 그 제목이라고 생각한 이유도 함께 이야기하면 좋다.

표지에 대한 이야기를 충분히 나누고 제목을 맞힌 뒤에는 내용을 예상하며 자신만의 표지를 꾸미는 활동을 진행할 수 있다. 그림 그리는 것에 자신이 없는 학생이나 저학년 학생의 경우 표지 중 일부를 빈칸으로 두어 그림 등을 그리게 할 수 있다. 고학년이나 그림을 좋아하는 학생들은 빈 종이를 제공하여 상상력을 발휘하게 할 수 있다. 아이들은 자신이 생각하기에 이 이야기의 핵심 내용으로 등장할 이미지를 그린다. 이때 교사는 그림책 표지에서 필수로 들어가야 하는 요소에는 제목, 작가, 출판사 등이 있다는 것을 한번쯤 설명해 주는 것이 좋다. 교사가 먼저 설명을 하기 전에 아이들에게 "책의 앞뒤 표지에서 어떤 것들을 볼 수 있나요?"라고 질문하면 아이들은 제목, 작가, 출판사, 가격, 바코드, KC 마크 등 다양한 것을 찾아낸다. 학생들에게 책의 앞(뒤)표지에서 무엇을 볼 수 있는지 질문을 해서 학생들이 찾도록 한다. 그 후 표지에 들어가는 요소들을 교사가 다시 한번 정리해 주며 학생들이 표지를 재디자인해 보도록 하는 것이 좋다.

그림책을 읽을 때 면지를 건너뛰고 제목을 읽은 뒤 바로 본문으로 들어가는 경우가 많다. 항상 면지에는 작가의 의도가 담겨 있는 경우가 많으므로 한 번씩 확인하고 넘어가는 것이 좋다. 특히 『고민식당』 앞 면지와 뒤 면지의 아이들의 표정 변화를 보며 학생들과 이야기를 나누는 것도 재미있다. 앞 면지는 고민 해결 전으로 이야기 속 아이들이 찌푸리고 화가 나거나 한숨을 푹 내쉬는 아이도 있고 좋지 않은 표정을 하고 있다. 하지만 이야기가 끝난 후 뒤 면지에서는 편안하거나 활짝 웃고 밝은 표정을 하고 있다. 이 아이들의 표정을 살펴보며 어떤 일이 일어나고 어떤 고민을 가지고 있을지 추측해 보면 학생들이 다양한 상상을 하며 이야기를 재미있게 읽을 준비를 할 수 있다.

앞의 면지에서 "무엇이 보이나요?"라고 질문하면 "반찬을 내려다보며 먹기 싫어하는 아이가 보여요.", "천둥번개가 치는데 무서워서 잠 못 이루는 아이가 보여요.", "책을 펴놓고 찌푸리는 아이가 보여요.", "땅을 내려다보며 걷는데 한숨을 푹 내쉬는 아이가 보여요.", "음식을 앞에 두고 잔뜩 화가 난 아이가 보여요.", "눈물을 뚝뚝 흘리는 아이가 보여요.", "머리 위에 먹구름이 낀 아이가 보여요."라고 그림을 자세히 보고 대답한다. 면지에 나오는 이 인물들은 이야기의 주요 등장인물로 셰프가 이 인물들의 고민을 해결해 주며 이야기가 흘러간다. 아이들이 처음 면지를 분석했던 내용과 일치하는 것도 있고 다른 내용도 있지만 추측하는 재미에 이야기를 더 즐겁게 읽을 수 있다.

이야기를 다 읽고 나면 책을 덮는 경우가 있는데 아직 뒤의 면지가 남아있다는 것을 잊으면 안 된다. "앞에 면지에서 본 친구들의 모습이 달라진 게 보여요. 어떤 걸 볼 수 있나요?"라고 질문하면 "이제는 편식하지 않고 맛있게 밥을 먹는 아이가 보여요.", "밤에 무서워하지 않고 편안하게 잠든 아이가 보여요.", "공부를 열심히 하는 아이가 보여요.", "노래를 부르며 걸어가는 아이가 보여요.", "기분이 좋은 아이들이 보여요."라고 대답하며 변화된 모습을 찾아내는 것을 알 수 있다. 면지와 표지까지 다 보았을 때 책 읽기 준비는 비로소 끝이 난다.

질문하며 생각을 키우는 아이들

아이들이 책을 수동적으로 읽기보다는 분석하며 읽을 수 있는 환경을 조성해 주는 것이 좋다. 첫 번째 활동은 내용 분석 및 확인을 위해 책을 읽고 빈칸을 채우는 활동이다. 중요 키워드를 빈칸으로 비워 책을 읽으며 핵심 단어를 넣을 수 있도록 한다. 책의 순서와 문제의 순서를 같은 흐름으로 하여 책을 읽으며 바로 작성할 수도 있다. 아이들의 집중력을 확인하고 싶다면 책을 다 읽은 뒤 내용 확인을 위한 퀴즈로 활용할 수도 있다.

독서 골든벨과 비슷한 느낌의 활동인데 학생들의 이해도와 기억력을 확인하기 위한 활동으로 사용할 뿐 외워야 한다는 강박을 느끼지 않도록 적절히 활용하는 것이 중요하다. 책을 가볍게 읽으며 친숙해지는 것이 선행되어야 하므로 시험과 같은 느낌을 준다면 아이들에게 책에 대한 부담과 스트레스로 다가와 거부감이 생길 수 있기 때문이다. 이럴 경우는 오픈 북 형식으로 읽으며 바로 채우게 하는 것이 방법이다. 단순히 눈으로 보기만 하거나 교사나 다른 친구들이 읽는 것을 흘려듣는 것을 방지할 수 있다. 단어를 자기 손으로 한번 써보는 것만으로도 단순히 보거나 듣기만 하는 것보다 책에 대한 기억력과 이해도를 높일 수 있다.

또는 문제를 교사가 제출하는 것이 아니라 아이들에게 만들도록 하는 방법이 있다. 아이들은 책을 읽으며 내용을 파악할 수 있는 질문을 만들고 교사는 이를 선별하여 아이들에게 퀴즈로 내는 것이다. 아이들은 자신이 낸 문제가 퀴즈로 나올 때 매우 신나 하며, 퀴즈 문제로 나올 수 있도록 핵심 질문을 만들기 위해 노력한다. 이렇게 하면 아이들이 책을 더 집중해서 읽고 중요한 것을 찾아 요점을 파악하려고 노력하기 때문에 적극적인 읽기에 도움이 된다.

동화책을 읽을 때는 그림책을 읽는 것에 비해 책 안에 있는 그림을 자세히 보지 않는 경우가 많은데, 간단하게 페이지마다 그림을 개인적으로 분석해 보고 같이 이야기하고 넘어가는 것이 좋다. 단순히 줄글만 읽고 넘어가는 것보다는 책 안의 등장인물의 대사, 표정, 몸짓, 상황 등을 함께 읽을 때 책을 제대로 이해할 수 있다. 시간이 부족할 때는 함께 그림을 확인하지만, 여유가 있다면 개인적으로 먼저 간단히 메모하며 분석할 수 있는 시간을 주고 같이 이야기하는 것이 좋다. 그 이유는 적극적이고 발표를 좋아하는 아이들이 먼저 큰 소리로 그림 분석을 하면 소극적이거나 적극성이 떨어지는 아이들이 생각해 볼 수 있는 기회를 잃기 때문이다.

두 번째 활동은 책을 읽고 나서 생긴 나만의 궁금증을 주변 사람들에게 질문하는 질문-반응하기이다. 아이들은 책을 읽으며 생긴 궁금증을 풀기 위해 질문을 작성하고 교실을 돌아다니면서 동성 친구 2명, 이성 친구 2명 그리고 선생님에게 서로 질문하며 이야기를 나눈다. 이렇게 하는 이유는 평소에 친한 동성 친구들과의 대화에 편향되는 것을 지양하기 위해서다. 동일 인물과 계속 질문을 주고받게 되면 다양한 사람들과 생각을 공유할 수 없고 그 틀 안에 갇히게 된다. 따라서 동성, 이성 간을 나누어 상대적으로 다양한 사람의 생각을 들을 수 있는 공유 환경을 조성하는 것이 좋다. 선생님을 포함한 이유는 자연스럽게 아이들이 선생님에게 자신의 질문을 이야기할 수 있도록 하기 위해서이며, 이때 교사는 아이들의 질문을 확인하며 이해도를 확인한다. 오개념을 가지고 있으면 즉각적으로 수정이 가능하고 좋은 질문은 이후에 아이들과 함께 나누어 볼 수 있다. 조금 더 게임처럼 재미있게 활동을 하고 싶다면 이동하는 시간에는 노래를 틀며 만나는 사람과 악수하고 노래가 멈추었을 때 악수하는 사람과 질문을 주고받는 것도 좋다. 한번 이야기를 나누었던 사람과는 중복해서 악수할 수 없으며, 이성과 동성이 골고루 섞일 수 있게 악수해야 한다.

다양한 반응하기로 여는 고민 상담소

동화책에 대한 분석이 끝나면 다양한 독서 후 활동을 할 수 있다. 첫 번째 독후 활동은 이 책의 메인 활동으로 자신의 고민을 친구들과 나누고 해결할 방안을 담은 음식을 만들어주는 것이다. 교사는 아이들이 더 활동에 몰입해서 참여할 수 있도록 다음과 같이 이야기한다. "네? 여러분도 고민이 있었다고요? 고민 식당에서 여러분의 고민을 해결해 준다고 합니다. 여러분의 고민을 주문서에 적어보세요." 아이들이 자신이 평소에 가지고 있던 고민을 최대한 자세히 주문서에 적도록 한다. 짝이 된 친구와는 고민 상담을 하며 자연스럽게 질문과 대답을 하게 된다. 즉 고민 파악을 위해 질문과 대답이 수반되는 것이다.

짝을 정하는 방법은 바로 옆에 있는 짝꿍과 하는 방법, 원하는 사람(친한 사람)과 하는 방법, 교사가 정해주는 방법 등 다양하다. 우리 반에서 재미있게 짝을 정하는 방법은 학습지에 비밀 암호를 적어 같은 글자(한글, 숫자, 기호 등)가 적힌 친구와 만나는 것이다. 교사는 "여러분의 고민 해결 특별 메뉴가 나왔다고 합니다! 고민 식당의 ○○○ 셰프를 찾아가 특별 메뉴를 주문해 보세요. ○○○ 셰프는 소중한 여러분의 주변에 있답니다."라고 말한다. 이때 동성이 될지, 이성이 될지, 친한 친구가 될지, 친하지 않은 친구가 될지는 알 수 없다. 비밀 암호는 고민을 적은 주문서 작성을 다 한 뒤에 밝혀진다. 평소 이야기를 해보지 않은 친구와 고민 상담 활동을 하며 우정을 나눌 수 있고, 속 깊은 대화를 할 수 있다는 장점이 있다. 단 아이들이 사춘기라서 이성과의 대화를 힘들어하거나 사이가 좋지 않은 관계가 있다면 교사의 적절한 개입 및 조정은 필요하다.

서로 고민을 나누기 전에 질문 만들기 어려운 학생이 있다면 책에 나온 고민으로 연습을 한 뒤에 진행하는 것이 좋다. 책에 다양한 고민을 가진 친구들의 이야기가 나온다. 예를 들어 "책에 키가 작아서 고민

중인 아이가 있는데 이 친구의 고민을 알아보기 위해 어떤 질문을 하면 좋을까?"라고 묻는다. 아이들은 "키가 커지고 싶은 이유가 무엇이니?", "키가 작아서 불편한 점은 어떤 게 있니?", "키가 커진다면 무엇을 하고 싶니?" 등 고민을 심도 있게 알아볼 수 있는 질문을 만들며 상담 연습을 할 수 있다. 고민 상담을 한 친구들의 대화는 다음과 같다.

학생 1: 나의 고민은 영어를 더 잘하고 싶은데 문법을 배운 게 이해가 잘 안돼서 고민이야. 나는 영어가 너무 어렵고 힘든 것 같아. 시험 성적도 성적이지만 학교는 그나마 괜찮은데 학원에서 공부할 때 너무 많이 틀려서 자신감이 떨어지는 것 같아.

학생 2: 그렇구나. 학교에서는 네가 영어를 어려워하는 게 티가 나지 않았는데, 학교에서는 괜찮은데 학원에서 더 힘든 이유는 뭐야?

학생 1: 학교에서는 6학년 교과서를 가지고 수업해서 다 배우고 외웠던 단어라서 괜찮은데, 학원은 중학교 내용을 미리 배우고 있어서 문법도 단어도 더 어려운 것 같아.

학생 2: 그럼 네가 제일 자신 있는 과목은 뭐야?

학생 1: 나는 수학을 잘해! 교실에서 수학 시험을 보면 제일 빨리 풀고 시험도 거의 100점 맞아.

학생 2: 대단하다. 나는 수학이 걱정인데 네가 부러워. 영어는 언제부터 공부하기 시작한 거야?

학생 1: 3학년 때 학교에서 영어를 시작하면서 학원에 다니기 시작했어.

학생 2: 유치원이나 저학년 때 다닌 친구들은 일찍 영어 공부를 시작해서 잘하는 친구들도 많겠구나.

학생 1: 맞아 그 친구들을 따라가기가 힘든 것 같아.

학생 2: 너는 학교에서 수학도 잘하고 영어도 잘하는데, 학원에서는 더 어려운 것을 배워서 네가 힘든 거지 네가 못해서가 아니니까 자신감을 가져도 돼. 내가 스트레스를 풀 수 있는 메뉴를 개발해 줄게!

책상을 마주 보게 하여 2인 1조로 진행한다. 같은 글자가 써진 친구와 마주 앉아서 또래 상담 활동을 진행 후 그 친구의 고민을 해결할 수 있는 특별 메뉴를 개발한다. 메뉴에 대한 그림과 설명을 자세하게 쓰고 친구의 고민과 이를 해결하기 위한 메뉴에 대한 소개 활동을 한다. 매년 아이들을 보면 같은 나이대에 비슷한 고민을 공유하는 경우가 많아서 또래 상담이 원활하게 이루어지는 모습을 볼 수 있다. 고민 상담을 한 친구의 고민을 해결할 수 있는 메뉴를 개발하고 설명과 함께 자기 경험을 덧붙여서 하고 싶은 말을 전달하면 또래 상담 활동이 종료된다.

학생 2: 내가 너를 위해 준비한 메뉴는 떡볶이인데, 이 떡볶이는 치즈와 함께 말아 먹으면 사르르 스트레스가 녹는 맛으로 메뉴 이름은 '치즈와 함께 돌돌 말아 날려 스트레스'야. 치즈는 행복함을 주는 사르르 녹는 맛이고 떡볶이는 화가 풀어지는 매콤함이 있어. 둘이 함께 돌돌 말아 먹으면 스트레스는 날아가고 행복함은 100이 될 거야!
나도 영어 학원에 들어가서 나보다 오래 다닌 친구들에게 뒤처지고 다른 친구들보다 엄청 많이 틀려. 나는 그럴 때마다 '내가 왜 틀리지? 나 바보인가?' 이런 부정적인 생각보다 '괜찮아, 다음에 더 잘하면 되지!' 이런 긍정적인 생각을 해. 처음엔 비교가 되어서 창피하기도 하고 부정적인 생각을 하게 되지만 계속 공부하다 보면 긍정적으로 변하더라고. 그리고 나도 영어가 어려워서 따로 문제집을 사서 개인적으로도 공부하고 있어. 이렇게 하면 학원에서 한 번 그리고 혼자서 한 번 총 두 번 공부하게 되니까 성적도 오르고 선생님께서 설명할 때 먼저 떠오르기도 하더라고. 다들 하는 고민이니까 너무 우울하고 심각하게 생각하지 말고 힘내길 바랄게! 우리 같이 열심히 공부하자.

교사는 다음과 같이 이야기한다. “특별 메뉴는 맛있게 드셨나요? 여러분의 고민이 잘 해결되길 응원할게요. 이번엔 여러분들이 직접 고민 식당 메뉴를 만들어 볼까요? 나의 고민을 해결할 수 있는 메뉴나 내가 먹고 싶은 메뉴 혹은 가족들이나 친구들의 고민을 듣고 특별 메뉴를 만들어 보아도 좋아요.”

고민을 해결할 수 있는 메뉴는 제품 개발서 형식으로 특징을 담은 그림과 설명하는 글로 나타낸다. 미술 시간을 활용하여 ‘우리 반 고민 식당’을 오픈하고 입체 또는 단면으로 메뉴를 확대하여 그림으로 그린다. 학생들은 어떤 고민이 있을 때 이 음식을 먹고 이 음식이 어떤 효능을 가졌는지 자세히 설명한다. 조금 더 재밌게 가격, 먹는 방법, 부작용 등을 추가로 설명한다. 한 명씩 교실 앞으로 나와 친구들에게 실물 화상기를 사용해서 메뉴의 모습을 보여주고 말로 설명하는 정리-반응하기 활동을 한다.

서로의 다양한 메뉴를 구경한 뒤에는 쉬는 시간이나 점심시간 등을 활용해서 내가 먹고 싶은 메뉴에 투표하는 시간을 가진다. 자신이 개발한 메뉴에는 투표할 수 없으며 중복 투표 또한 불가능하다. 스티커를 충분히 배부하여 다양한 음식을 선택할 수 있도록 하되 친분으로 투표하지 않고 자신이 진정 먹고 싶은 메뉴를 고르도록 한다. 교사는 스티커가 붙어 있지 않은 메뉴에 몰래 하나씩 붙여주고, 가장 많은 투표를 받은 메뉴를 발명한 사람에게는 수석 요리사 자격을 준다. 친구들에게 많은 호응을 받았던 인기 메뉴는 다음과 같다.

- 고민으로 잠을 잘 못 이루는 친구들을 위한 **따뜻따뜻 수프**: 수프를 먹으면 몸이 따뜻해지고 나른해져서 잠이 잘 올 거예요. 하지만 너무 많이 먹으면 더워져서 사우나에 온 것같이 땀이 많이 날 수 있으니 열이 많은 사람은 조금만 먹어야 해요.
- 눈물을 참는 게 익숙한 친구를 위한 **속상할 땐 울어도 돼 만두**: 먹으면 시원하게 울 수 있는 만두입니다. 이 만두는 속상할 때만 먹어야 해요. 먹고 나면 속 시원하게 울고 슬픈 일을 떨쳐낼 수 있거든요. 하지만 너무 많이 먹으면 기쁜 일에도 눈물이 펑펑 날 수 있으니, 자신의 감정을 스스로 잘 조절할 수 있을 때는 먹지 않아야 해요.
- 스마트폰과 컴퓨터를 많이 해서 시력이 나빠 걱정인 친구를 위한 **눈이 번쩍 블루베리**: 블루베리를 먹으면 눈이 번쩍 뜨이면서 더 잘 보여요. 하지만 스마트폰과 컴퓨터를 보는 시간을 줄이고 밖에서 자연을 보면서 뛰어놀아야 효과가 유지됩니다. 다시 게임을 많이 하거나 TV를 많이 보면 시력이 떨어질 수 있으니 주의하세요.
- 학기 초에 친구를 어떻게 사귀어야 할지 고민인 친구를 위한 **다정한 친구 쿠키**: 심심할 때나 외로울 때 쿠키를 먹으면 친구가 생겨 외롭거나 심심하지 않아요. 하지만 효과는 하루뿐이에요. 다음 날에는 같이 놀았던 걸 생각하면서 용기 내서 먼저 다가가야 영원한 친구가 될 수 있어요.
- 친구와 다투고 어떻게 화해해야 할지 모르는 친구를 위한 **사과의 사과 파이**: 먹으면 용기 내서 싸운 친구에게 사과하고 화해할 수 있어요. 억지로 사과하면 효과가 발휘되지 않지만, 진심으로 사과하고 싶은 마음이 있다면 효과가 발휘되니 걱정하지 마세요.
- 할 말이 많지만 소심해서 참고 말하지 못 하는 친구를 위한 **속이 뻥 뚫려 콜라**: 소심해서 자신의 할 말을 못 하는 친구는 억울한 일이 생겼을 때 이 콜라를 마셔보세요. 속이 뻥 뚫리도록 시원하게 할 말을 다 할 수 있어요. 하지만 너무 많이 마시면 상대방에게 상처를 줄 정도로 말을 많이 할 수도 있으니 한 병 이상 마시면 안 됩니다.

가정에서 이 활동을 진행할 때 가족들의 고민을 듣고 가족 구성원에게 맞는 메뉴를 넣어 '○○이네 고민식당'을 만드는 활동을 할 수 있다. 평소 대화가 부족한 가족의 경우 이번 기회로 서로의 고민을 듣고 상담하며 돈독해질 수 있다.

두 번째 독서 후 활동은 책을 읽고 작가에게 궁금한 내용을 질문으로 만들어 편지를 보내는 것이다. 학급에서 글쓰기 노트를 활용하는 경우는 주제로 선정하여 작가에게 편지 쓰기 활동을 할 수 있다. 실제로 편지지를 모아서 작가에게 이메일이나 우편으로 직접 전달하고 답변을 받아서 학생들의 의욕을 고취할 수 있다. 만약 작가님에게 직접 보내고 답을 받을 수 있는 여건이 되지 않는다면 모둠 친구들이 작가가 되어 돌아가며 답장을 써주는 활동으로 대체할 수 있다. 다음은 실제 학생들이 쓴 편지와 모둠 친구들의 답장이다.

학생 1: 안녕하세요. 작가님 저는 이 책에서 신기한 음식들을 보고 흥미로웠어요. 모든 음식을 다 먹어보고 싶지만, 그중에서도 저는 쭉쭉 늘어 달걀말이가 가장 마음에 들어요. 왜냐하면 제 키가 친구들보다 작거든요. 저도 한번 먹어보고 싶네요.

작가: 음… 키가 작지만, 다른 장점도 있지 않을까요? 나중에 기회가 되면 학생의 이야기로 글을 써볼게요. 그리고 집에 가서 꼭 만들어 먹어보세요. 바로 눈에 띄는 효능이 발휘되지 않을 수 있지만 언젠가는 계란말이의 효능이 발휘되는 날이 올 거예요.

학생 2: 작가님의 책 잘 읽었습니다. 실제로도 고민을 해결해 주는 식당이 있었다면 모두가 방긋방긋 웃었을 텐데요. 다들 고민 탓에 머리 위에 먹구름이 끼어있을 땐 역시 맛있는 음식을 먹으면 눈 녹듯이 사라지죠~ 그 점을 이용해서 '고민을 해결하는 음식'이라는 주제가 탄생한 건가요? 주제가 정말 참신하고 좋은 동화책을 써주셔서 감사합니다.

작가: 감사합니다. 그렇게 말해주니까 힘이 나고 좋네요. 맞아요. 사람들이 맛있는 음식을 먹으면 행복해지는 것에 착안해서 고민을 해결해 주는 음식을 모티브로 잡았어요. 앞으로도 더 재미있고 참신한 주제로 글을 써볼게요. 고마워요.

학생 3: 안녕하세요. 작가님은 고민 식당이란 책을 어떻게 만들게 되셨나요? 이 책은 저에게 정말 인상 깊은 책 중 하나가 되었습니다. 어떻게 이런 재미난 책을 만들었고 또 이러한 동화책을 만들면서 그리고 만들고 나서의 소감은 어떠신지 궁금합니다. 작가님의 책 잘 읽어 보았고, 창의적인 작가님처럼 저도 멋진 작가가 되고 싶습니다. 어떻게 하면 작가님 같은 작가가 될 수 있을까요? 작가님은 제가 닮고 싶은 분 중 한 분이시고 앞으로도 이러한 책 많이 만들어주세요. 존경하는 독자 올림.

작가: 여러분들이 가진 고민이 사소하지 않고 다들 티가 나지 않을 뿐이지, 같은 고민을 하고 있다는 것을 말해주고 싶었어요. 이 책을 보고 자신의 고민에 해결책을 찾아갈 친구들을 생각하며 만들게 되었습니다. 이렇게 아이들의 편지를 받으면 뿌듯하고 여러분들을 위한 동화를 더 많이 지어야겠다는 생각이 드네요. 학생도 작가가 되고 싶다고 했는데 적은 양이라도 매일 꾸준히 글을 쓰는 연습을 하는 것이 도움이 될 것 같아요. 그리고 사소한 아이디어를 놓치지 않고 메모하는 습관을 들이세요. 언젠가 같은 작가가 되어 만날 날을 기대할게요!

세 번째 독서 후 활동은 아이들의 경험을 담아 글과 그림에서 음악, 영화, 라디오 등으로 확장된 활동이다. 교사는 "여러분의 고민 식당이 인기 맛집으로 선정되었다고 합니다. 식당이 아닌 다른 상점(영화관, 음악감상실, 고민 라디오)을 열어달라는 요청이 많아요. 다른 상점도 열어볼까요?"라고 운을 띄운다. 아이들은 자신의 흥미와 관심에 따라 다양한 상점을 구상할 수 있다. 음악을 좋아하는 아이는 고민에 도움이 되는 가사나 멜로디를 담은 음악감상실을 오픈할 수 있고, 영화를 좋아하는 아이는 고민과 어울리는 영화를 추천해 주는 영화관을 운영할 수 있다. 그리고 학교 방송부의 점심시간 사연을 들은 아이들은 고민 라디오에 익숙하다. 이것은 선택 및 보충 활동으로 식당에서 다양한 상점으로 고민을 확대하여 해소할 수 있다.

고민 라디오는 음악 편지를 보내는 활동으로 자신의 고민을 해결해 주거나 위로해 주었던 음악을 추천하며 편지 또는 그림 편지 형식으로 표현하는 활동이다. 대부분의 학교가 방송부를 운영하고 있어 아이들은 사연을 담아 노래를 틀어주는 점심 방송에 익숙하다. 대중음악을 평소에 흔히 접할 수 있는 학생들은 고민 식당의 특별 메뉴들처럼 노래나 음악으로 자신의 고민을 해결하고 마음을 위로받았던 경험이 있다. 따라서 우리 반 친구들의 고민을 해결해 주거나 위로를 해줄 만한 가사가 담긴 노래를 친구들에게 편지 형식으로 전달한다. 자신이 라디오 DJ가 되었다고 생각하면 반 친구들을 위해 정성스럽게 작성하게 된다. 추천 노래 제목과 가수, 어떤 고민이 있는 친구에게 추천하는지, 노랫말은 어떤 내용인지, 인상 깊은 가사와 구절, 추천하는 이유 등을 써서 고민 라디오를 오픈한다. 그 후 아이들과 친구들이 보내준 음악 편지와 음악을 듣고 난 생각을 함께 나눈다. 음악 생활화 또는 감상 수업과 연계하여 수행평가로 활용할 수 있다. 또 수업이 일찍 끝난 자투리 시간이나 점심시간 등을 활용해서 음악을 함께 감상하고 이야기를 나누면 더 효과적으로 수업과 연계하여 활동을 진행할 수 있다.

- 선우정아의 '도망가자'를 추천합니다. 마음이 복잡하고 힘든 일들이 많은 친구가 들으면 좋을 것 같습니다. 노래를 듣는 사람에게 걱정은 내려놓고 가벼운 짐을 챙겨 떠나자고 노랫말로 위로합니다. 어디를 가든 함께하겠다고 같이 도망가자고 하는 것과 노랫말 중 '내가 옆에 있을게 마음껏 울어도 돼. 그 다음에 돌아오자 씩씩하게. 지쳐도 돼 내가 안아줄게. 괜찮아 좀 느려도 천천히 걸어도.' 부분이 인상 깊었습니다. 노래를 듣다 보면 나를 응원하는 사람이 있는 듯한 느낌과 친근감이 느껴지고 힘든 나를 진심으로 위로하는 것 같아서 좋았습니다.
- NCT의 '오르골'이라는 노래를 추천합니다. 자기만 멈춘 듯이 공부가 안되거나 어떤 일로 스트레스받는 친구들이 들으면 좋을 것 같습니다. 노래 가사 중에 '조금 비틀대다 혼자만의 리듬을 찾아. 잠깐 흔들려도 돼. 멀리 돌아가도 돼. 즐길 수 있으면 돼. 결국 행복하면 돼. 고민 따윈 잠시 던져놔.'라는 부분과 '요즘 왜 그리 풀이 죽어 있어? 어깨 좀 펴라 옆엔 내가 있어. 그 어떤 것도 막지 못해. 언젠가 지나갈 거야. 결국에 알게 될 거야'라는 부분이 위로됩니다. 내가 어떤 일 때문에 생각이 많아질 때 많이 들었던 노래라서 추천합니다.
  이 글을 읽고 있는 친구에게 이렇게 말하고 싶어요. "안녕, 이 글을 읽고 있는 누군가야. 너도 힘들겠구나. 이 노래처럼 오늘은 잠시라도 즐겨보는 건 어떨까? 잠시 쉬어가다 보면 네가 찾고 있었던 게 나타날 수 있잖아. 너무 걱정하지 말고, 불안할 때면 내가 옆에 있어줄게. 항상 행복하고, 너 혼자만 멈춘 것 같을 때 내가 느린 게 아니라 세상이 빠른 거라 생각하면 마음이 편해져. 그럼 오늘 하루 행복하게 지내. 안녕."
- 카가미네 렌의 '끝없이 잿빛으로'라는 노래를 추천합니다. 이 노래는 그림에 재능이 없는 주인공이 열심히 노력해도 안 되는 자신을 보며 낙담하는 내용이지만 가사 속에서 아직 인생이 끝나지 않았으니 포기하지 말라는 누군가의 목소리가 들립니다. 좋아하는 분야에 재능이 없어 낙담하고 있는 친구들의 고민을 응원해 줄 수 있습니다. 이 노래를 추천하는 이유는 본인의 재능에 낙담하고 있는 사람들에게 공감의 메시지를 전달하고 싶기 때문이고 가장 인상 깊은 가사는 'やれること やっていけ(할 수 있는 걸 해나가)'입니다.

아이들이 좋아했던 마지막 추가 활동은 고민 영화관이다. 아이들은 영화관에 방문한 경험이 있고 TV를 통해서 다양한 영화를 접한다. 아이들은 자신이 인상 깊게 보았던 영화를 떠올리며, 친구들의 고민에 어울리는 영화를 추천해 준다. 친구와의 관계를 고민하는 친구에게는 주인공이 학교에 적응하며 진정한 친구를 사귀어 가는 모습을 담은 〈원더〉, 자신의 꿈에 대해 고민하는 친구에게는 주인공이 이어받아야 하는 일과 자신이 좋아하고 잘하는 일 사이에서 고민하며 꿈을 찾아가는 내용을 담은 〈엘리멘탈〉, 부모님과의 관계에 고민인 친구에게는 환경의 변화로 사춘기가 왔지만, 자신에게 소중한 것을 찾아가며 긍정적인 감정의 중요성을 담은 〈인사이드 아웃〉을 추천해 주었다.

학생 1: 나는 내 외모에 자신이 없어. 세상에는 너무 잘생기고 예쁜 친구들이 많고, 그래서 뭔가 내가 초라해지는 기분이야. 그래서 특히나 학기 초에 친구들에게 먼저 다가가서 친해지는 게 어려워. 너도 그런 적 있어?

학생 2: 나는 자신감이 많은 사람이라고 생각했는데, 전학을 가니까 다른 아이들은 이미 다 친해져 있고 나는 중간에 낀 느낌이 들어서 자신감이 떨어졌던 적이 있어. 그래서 너의 고민을 조금은 이해할 수 있어. 나는 네가 외모에 충분히 자신감을 가져도 된다고 생각해! 내가 봤던 영화 중에서 태어날 때부터 얼굴이 망가져서 태어나서 수술을 정말 열심히 했지만 다른 아이들과 모습이 다른 아이가 있었는데, 그 친구는 과학을 정말 잘했거든. 반 아이들이 처음에는 얼굴을 보고 놀렸지만 그 친구의 진가를 아는 친구들이 늘어나면서 재미있게 학교에 적응해서 학교를 다니는 〈원더〉라는 영화가 있는데 그걸 추천해.

학생 3: 나는 노래 부르는 것을 좋아해서 가수가 되고 싶어. 그런데 부모님은 연예인은 되기 힘들고 되더라도 아주 유명해지지 않으면 돈을 못 번다고 공부해서 안정적인 직업을 가지길 원하셔. 사실 나도 노래를 부르는 것을 정말 좋아하지만, 내가 잘하는지는 모르겠어. 그래서 부모님의 말씀을 들어야 할지 아니면 내 꿈을 위해 더 노력해야 할지 고민이야. 너라면 어떻게 할 것 같아?

학생 4: 만약 내가 노래를 정말 좋아하고 할 때 행복하다면 나는 포기하지 않고 더 노력해 볼 것 같아. 그런데 진로 탐색 시간에 배웠지만 꿈은 꼭 한 가지만 가져야 하는 게 아니잖아? 부모님 말씀에 따라서 안정적인 직업을 가지고 있으면서도 퇴근하고 나서는 유튜브에 노래 영상을 찍어 올릴 수도 있으니까. 내가 본 영화에서 주인공도 부모님이 가업을 이어받길 원하지만 정말 잘하고 좋아하는 일이 있어서 자신의 꿈을 찾아 떠나거든. 그래서 〈엘리멘탈〉이라는 영화를 추천할게.

학생 5: 요즘 사춘기가 온 것 같아. 자꾸 부모님께 화를 내고 감정 조절이 잘 안되는 느낌이야. 친구들도 내 마음을 잘 몰라 주는 것 같고 요즘엔 혼자가 된 것 같아. 너도 나랑 비슷한 감정을 느껴 본 적 있어? 만약 나와 비슷한 경험을 했다면 어떻게 극복했는지 말해주면 좋을 것 같아.

학생 6: 나도 그래! 나는 심지어 저번 주에 화가 나서 방문을 쾅 닫고 들어갔다가 다시 끌려 나와서 엄청나게 혼난 적도 있어. 그런데 우리 같은 아이들이 많은 것 같으니 너무 걱정 안 해도 돼! 내가 봤던 영화 주인공도 감정조절이 안 돼서 소중하게 생각하던 것들이 하나씩 무너지는데 이걸 되찾기 위해 노력하는 이야기가 있거든. 나는 그걸 보면서 내가 아무리 화가 나고 서운해도 정말 나에게 정말 소중한 것은 뭔지 다시 생각해 보면서 함부로 하면 안 되겠다고 생각했어. 〈인사이드 아웃〉이라는 영화인데 한번 봐도 좋을 것 같아.

이렇게 아이들은 자기 일처럼 서로의 고민을 듣고 상담해 주며 도움이 될만한 영화를 찾아주기 위해 노력한다. 독서로 시작한 활동이지만 이렇게 다양한 방식으로 풀어나갈 수 있다. 고민 라디오(음악 감상실)와 고민 영화관 이외에도 나만의 고민 상점을 만들 수 있다.

이 수업은 국어, 과학, 미술, 음악, 창의적 체험활동, 도덕 등 여러 교과를 통합하여 수업할 수 있는 통합수업이다. 질문을 하며 토의하고 설명하는 글쓰기 활동을 함으로 국어 수업, 표지와 신제품, 상점 그리기를 함으로 미술 수업, 창의력을 활용하여 개발을 함으로 과학 수업, 또래 상담을 함으로 도덕 수업, 음악 감상실을 활용한 수업은 음악 수업, 그 외 수업은 창의적 체험활동 시간을 활용하여 수업을 계획할 수 있다.

한 학기 한 권 읽기가 개정 교육 과정에 도입된 만큼 8시간씩 독서 전, 중, 후 활동을 할 수 있도록 온 책 읽기를 할 시간을 제공하고 있다. 독서 단원을 활용하여 수업을 하는 것도 가능하고 학기 초 교육 과정을 계획할 때 프로젝트 수업으로 교과를 통합하여 학기 중에 진행하면 수업 및 평가에 용이하다. 큐앤알 수업은 수업 외에 시간을 따로 빼서 활용하는 것이 아닌 수업과 평가에 모두 활용할 수 있는 학습법이다. 정규 수업 외에 시간을 따로 빼서 수업을 진행하면 교사의 부담이 커지므로 활동에서 달성할 수 있는 성취 기준과 묶어 수업하고 평가하는 것이 좋다.

활동 한 걸음 더

아이들은 상상력이 풍부해서 기상천외하고 다양한 메뉴 개발을 하는데 이를 증폭시키기 위해서 〈찰리와 초콜릿 공장〉을 보여주는 것도 도움이 된다. 영화 〈찰리와 초콜릿 공장〉의 원작은 로알드 달의 소설로 최고의 초콜릿 공장인 윌리 웡카의 공장을 주인공 찰리가 견학하며 벌어지는 이야기를 담고 있다. 그곳에는 초콜릿 폭포가 흐르고 초콜릿 과자 산이 있으며, 용머리 모양의 설탕 보트를 타고 초콜릿 강을 건너간다. 초콜릿 강가에는 사탕이 열리고 설탕 풀이 자라나며 한쪽에서는 마시멜로 체리 크림이 익어간다. 하지만 이곳에서 가장 상상력을 발휘할 수 있는 부분은 '신제품 개발실'이다. 물론 실험이 완료되지 않아 약간의 부작용을 가지고 있지만 머리가 자라나는 눈깔사탕, 밥을 먹지 않아도 세끼를 해결할 수 있는 껌 등 다양한 신제품 이야기가 나온다. 아이들은 이 영화를 보면서 우리 주변에서 단순하게 볼 수 있는 음식들에서 더 확장해서 다양한 신메뉴들을 개발해 낸다. 만약 메뉴 개발에 어려움을 겪는 친구가 있다면 신제품 개발실 부분을 함께 본 뒤에 활동을 진행하는 것도 추천한다. 전체 연령가의 영화로 모든 아이들이 즐겁게 부담없이 본 뒤 활동할 수 있다. 또한 어린이들을 위한 소설 원작도 있으므로 도서관에서 빌려서 연계 도서로 학급문고에 비치해 놓는 것도 좋다.

제4장 너는 어떤 친구를 원하니?-『구합니다, 완벽한 애완동물』

완벽한 수업 소재, 애완동물

『구합니다! 완벽한 애완동물』은 연구회 활동 중에 만난 책이다. 큐앤알 수업을 적용하여 수업하기 위해 연구회원들이 자신이 알고 있는 책을 소개하는 중에 이 책이 있었다. 이 책은 애완동물을 키우고 싶은 아이가 자신의 애완동물을 찾는 내용을 담고 있다. 나도 어린 시절 애완동물을 키우고 싶다는 생각을 많이 하였기 때문에 이 책이 마음에 들었다. 표지를 보면서부터 주인공이 어떤 생각을 할지 궁금했고, 꼬리에 꼬리를 물고 나의 어릴 적 기억들이 떠올랐다. 그리고 애완동물과 관련된 이야기를 하고 싶어 입이 근질거리기 시작했다. 큐앤알 수업은 아이들이 소재에 흥미를 많이 느낄 때, 약간의 배경지식이 있을 때 효율이 극대화될 수 있다. 배경지식이 없을 때보다 배경지식이 있을 때 질문과 설명이 더욱 자연스럽게 많이 나오기 때문이다.

아이들의 입장을 생각해 봤을 때 나와 비슷한 학생들이 많을 것이라는 생각을 하였다. 일단 어린이들은 대부분 동물을 좋아한다. 일부 어린이들은 집에서 애완동물을 키우기도 한다. 혹은 태어나면서부터 애완동물과 같이 살고 있는 어린이들도 있다. 간혹 동물을 좋아하지 않는 어린이들도 있지만 모든 동물을 싫어하는 어린이는 없다. 그렇기 때문에 꼭 그림책이 아니더라도, 아이들은 애완동물과 관련된 주제를 이야기하면 항상 하고 싶은 말이 많다. 애완동물과 관련된 수업을 하다가 수업 시간이 모자라 이야기를 서둘러 마무리하는 경우도 있었다.

또한 지금의 환경은 애완동물에 대한 정보를 찾고 배경지식을 쌓기에 매우 좋은 환경이다. 간단한 검색으로도 동물에 대한 정보를 찾을 수 있으며, SNS 등에도 애완동물에 대한 내용이 많다. 산책로에는 항상 애완동물과 산책하는 사람이 있으며, 용품점, 병원, 숙소 등의 시설도 빠른 속도로 늘어나고 있다. 그만큼 아이들은 애완동물을 삶에서 친숙하게 느끼며 관련된 경험도 많은 상황이다. 그렇기 때문에 이 책은 학생들의 몰입을 이끌어 내기에 적절하다고 분석하였다.

내용적인 측면에서도 이 책은 수업을 하기에 적합해 보였다. 책 속에서는 주인공이 애완동물을 구하면서 원하는 조건을 적는 장면이 있고, 애완동물을 구했을 때 애완동물을 돌보는 모습이 나온다. 이 내용을 통해 학생들과 각종 애완동물에 대한 정보를 알아볼 수 있을 것이라 생각했다. 또한 애완동물을 기르는 방법, 애완동물에게 필요한 것 등 지식적인 측면에서 많은 장점이 있을 것으로 생각했다. 그리고 주인공이 구한 애완동물이 처음 원하던 조건과 다름에도 불구하고 애완동물을 포용하는 모습을 통해 도덕적인 측면도 같이 이야기해 볼 수 있을 것으로 생각했다.

마지막으로 가장 중요하다고 생각했던 부분은 주인공과 애완동물의 관계이다. 주인공을 만나기 전 외로웠던 오리는 주인공을 만나기 위해 개로 분장을 한다. 그리고 주인공이 원하는 바를 만족시키기 위해 최선을 다한다. 그러나 제대로 될 리 없다. 태생적으로 다른 생물이기 때문이다. 나는 이 관계가 일부 사람과 사람 사이의 관계와 비슷하다고 생각했다. 학급에서도 친구가 거의 없는 학생들은 일단 누가 되었건 친구를 구하고 싶어 한다. 마치 주인공이 애완동물을 구한다고 광고를 한 것처럼 말이다. 하지만 자신이 원하던 친구가 아니라고 느끼면, 친구를 자신이 원하는 조건으로 맞추려고 하는 경우가 있다. 또는 오리가 변장을 하고 주인공을 만나러 간 것처럼 친구가 원하는 조건에 맞춰서 친구가 되려고 하는 학생도 있다. 이들은 자신의 성격과 맞지 않는 연기를 해야 하므로 항상 힘들어한다. 이 두 종류의 학생들은 친구를 원함과 동시에 친구 때문에 괴로워한다.

그러나 올바른 친구 관계는 한쪽도 괴로우면 안 된다. 한쪽을 종속시키거나 한쪽이 종속되어서도 안 된다. 주인공이 오리를 있는 그대로 인정해 준 것처럼 아이들도 타인을 인정해 줄 수 있어야 한다. 또한 자신을 그대로 인정해 줄 수 있는 친구를 만나야 한다. 그래야 아이들이 건강한 관계를 맺고 그 관계 속에서 안정감을 느끼며 자라날 수 있다.

더 나아가서 부모와 어린이 사이에서, 교사와 어린이 사이에서도 비슷한 일이 일어나고는 한다. 부모와 교사가 원하는 아이상이 아이의 성향과 너무 다를 경우, 어른과 아이 모두 괴로움을 느끼고 관계

유지가 힘들 수 있다. 그렇다고 한쪽이 다른 한쪽에게 너무 과하게 맞출 경우에도 마찬가지의 문제가 생길 수 있다. 그럼에도 불구하고 아이들은 끊임없이 타인과 관계 맺기를 시도하고 실패해 보아야 한다. 그 속에서 성공 경험을 쌓고, 자신과 타인의 경계를 올바르게 나누고 인정할 수 있어야 한다. 그래서 이 책을 통해 아이들이 친구 간의 올바른 관계 맺기를 배워야 한다고 생각했다. 그리고 배울 수 있을 것이라 기대했다.

수업 구상

그림책으로 수업을 디자인할 때 책을 분석한 내용을 바탕으로 학생들의 흥미를 많이 끌 수 있도록 설계하였다. 학생들이 수업 시간에 애완동물과 관련된 자신의 이야기를 충분히 할 수 있도록 활동들을 구성하였다. 또한 원하는 동물을 직접 그림으로 표현해 보는 등 활동의 자유성도 더하여 아이들이 자연스럽게 타인과 대화할 수 있는 분위기를 조성하고자 하였다.

그러나 수업 시간에 그림책을 소재로 하는 것은 두 가지의 문제점이 있다. 학생들이 그림책을 읽는 것은 좋아하지만 그림책의 내용을 배움으로 끌고 가기는 어려워한다. 그리고 그림책의 일부만 제공할 경우 그 내용을 온전히 이해하지 못할 수 있다. 그렇다고 처음부터 끝까지 모든 내용을 제공하려 할 경우 수업 시간을 모두 그림책을 보는 데만 쓰게 될 수도 있다. 그렇게 다 읽고도 나중에 되돌아볼 때 일부 내용이 기억이 안 나 글을 다시 읽어야 할 경우도 있다. 이를 해결하기 위해 수업을 읽기 전, 읽기 중, 읽기 후 활동으로 나누었다. 그림책을 모두 읽어주되 중요한 배움이 필요한 장면에서 멈추고 학생들과 활동함으로써 배움의 효과와 그림책을 읽어주는 효과를 극대화하고자 하였다. 또한 책을 읽는 중에 학습활동으로 전환하는 장면에서 학생들의 몰입이 깨지는 것을 막기 위해 학습활동도 스토리텔링을 기반으로 구성하였다.

마지막으로 이 수업을 통해 타인과의 관계를 정리할 수 있도록 구성하였다. 학생들은 학교에서, 가정에서, 생활 전반에서 다양한 인간관계를 맺는다. 그러나 많은 학생들이 인간관계를 힘들어한다. 과거에는 생활 전반에서 여러 사람을 만나고 그 사이에서 인간관계를 자연스럽게 정리했지만, 현대의 삶은 그렇지 않다. 가족 단위도 핵가족이 주류일뿐더러, 학교 및 사회에서도 모든 사람과 친해질 필요가 없음을 강조하기 때문이다. 또한 어른들은 아동의 안전을 위해 모르는 사람을 잔뜩 경계하라고 가르친다.

그렇기 때문에 학생들은 소수의 인간관계 속에서 자신을 정립하고, 타인을 자신에게 맞추려고 하거나 타인에게 자신을 맞추려고 하다 괴로워하기 일쑤다. 이 수업들을 통해 나에 대해 정립하고, 타인에 대해 공감하여 자신과 타인을 그대로 이해할 수 있도록 수업을 구상하였다.

나의 애완동물 이야기

수업의 첫 차시는 책을 소개하고 자신이 원하는 애완동물을 주제로 한다. 가장 먼저 책 제목을 소개하면 아이들이 웅성거리기 시작한다.

교사: 오늘 같이 읽어볼 책은 『구합니다! 완벽한 애완동물』입니다. 애완동물 이야기하니까 벌써 입이 근질거리는 친구들이 있는 것 같습니다. 애완동물과 관련하여서 하고 싶은 이야기가 있는 친구는 발표해 볼까요?
학생 1: 저는 집에서 도마뱀을 키워요. 5년 정도 되었어요.
학생 2: 우리 집에서는 강아지 두 마리를 키워요.

그리고 주변을 둘러보자, 손을 든 학생이 전체의 절반 정도 되었다. 의도한 대로 학생들이 금세 몰입하고 흥미를 느낀 것으로 보였다. 발표하고자 하는 학생이 많을 때 발표를 이어갈 경우 시간이 너무 오래 걸린다. 이런 상황에서는 모둠 활동이나 짝 활동으로 이야기를 나누도록 하는 것이 조금 더 효율적이다.

교사: 지금 보니 애완동물과 관련된 이야기를 하고 싶은 친구가 너무 많네요. 간단하게 확인을 해보도록 하겠습니다.
교사: 애완동물을 키워본 사람은 손 들어 보세요. 그리고 손 든 사람을 확인해 보세요.
교사: 다음은 애완동물을 키워 보지 않은 사람은 손 들어 보세요. 그리고 손 든 사람을 확인해 보세요.
교사: 마지막으로 이 중에 애완동물을 키우고 싶은데 못 키운 사람만 손 들어 보세요.

교사: 방금 손 들었던 내용을 참고해서 옆 사람과 혹은 앞, 뒤 사람과 애완동물에 관해서 간단히 이야기 나눠 보세요. 시간은 5분 주도록 하겠습니다.

다양한 이야기가 쉴 새 없이 나왔다. 대화에서 소외되는 학생들은 거의 없었다. 중간중간 한 명만 이야기하고 있는 곳이나 소외되는 학생이 있으면 교사가 직접 가서 대화하는 것도 좋다.

학생: 저는 강아지를 키우고 싶은데 부모님께서 못 키우게 하세요.
교사: 왜 못 키우게 하실까?
학생: 씻기고 산책시키기 귀찮으시대요.
교사: 네가 하면 되잖아?
학생: 전 학원 다니느라 시간이 없어요.
교사: 그럼 못 키우겠네.
학생: 그래도 키우고 싶어요.

5분이 지나고 과열되었던 분위기가 조금 진정이 되었을 때 학생들에게 다음 활동을 제시한다. "그런데 여러분, 여러분께 선물 상자가 도착했다고 합니다. 안에는 여러분들이 가장 키우고 싶어 하는 애완동물이 들어있다고 하네요. 어떤 애완동물이 들어 있을까요?"와 같이 안내한다. 활동 내용은 학생들이 키우고 싶은 애완동물을 직접 표현해 보는 것이다.

나의 애완동물은 어떤 모습일까요?

글과 그림으로 나타내 보세요.
애완동물의 종류, 색, 크기, 성격 등을 상상하여 자세히 소개해 주세요.

가장 기본적으로 표현해야 할 것은 애완동물의 종류와 모습이다. 대부분의 학생은 동물을 정하는 데 크게 망설이지 않는다. 가벼운 도움이 필요한 학생들은 키우고 싶은 동물이 여럿 있는 학생들이다. 이런 학생들에게는 가장 키우고 싶은 동물 한 가지를 먼저 표현한 후 시간이 충분할 경우에 다른 동물을 추가로 표현해도 좋다고 지도하면 좋다. 간혹 키우고 싶은 동물이 없다고 하는 학생들도 존재한다. 이런 학생들에게는 키우지 않더라도 친구들과의 이야기 중에 마음에 들었던 동물을 표현해 보라고 이야기하거나, 옆 친구의 학습지를 일부만 따라서 하고, 일부는 스스로 상상해서 하라고 하면 좋다.

학생들이 가장 큰 어려움을 느끼는 것은 동물의 성격이다. 아이들은 애완동물에는 익숙하지만 반려동물에 대한 인식이 충분하지 않다. 자신이 귀여워할 대상으로만 생각할 뿐 자신과 똑같은 생명체이자 가족이라는 생각을 하지 못하는 것이다. 과장해서 표현하면 움직이는 인형 정도로 생각하기 때문에 많은 학생들은 이 부분을 적지 못한다.

일부 학생들은 동물을 직접 키워 보지 않은 상태이므로 동물에게도 성격이 있을 것이라는 생각을 하지 못한다. 혹은 '귀여운 성격' 등 애매하고 포괄적인 단어로만 표현하는 학생들도 많다. 그리고 이는 학생들에게 두 가지 인식을 불러올 수 있다. 하나는 자신이 애완동물에 대해 생각해 보지 않고 잘 모르는 부분이 있다는 생각이다. 두 번째는 자신이 원하는 애완동물의 성격에 대한 궁금증이다. 그렇기 때문에 이 단계에서는 많은 학생이 성격 부분을 적지 못해도 좋다. 그리고 이를 연결 고리 삼아 다음 차시로 자연스럽게 이동할 수 있다.

마지막으로 그림 그리기에 두려움을 느끼는 학생들은 원하는 동물은 있으나 그림을 그릴 수 없다고 이야기한다. 이런 학생들에게는 "미술을 배우는 시간이 아니기 때문에 그림을 잘 그리고 못 그리고는 상관없습니다. 내가 관심 있는 특징은 그림으로 표현해 보고 표현이 힘든 부분은 글로 설명해 봅시다."라고 안내하면 도움이 된다.

표현 시간을 마무리한 후에는 나눔의 시간을 갖는다. 간단하게 주변과 이야기를 나눠도 좋지만, 몇 명은 전체 발표를 할 수 있도록 한다. 동물의 성격과 관련된 내용을 전체적으로 끌어내야 하기 때문이다.

교사: 여러분 애완동물에 굉장히 관심이 많고, 알고 있는 것이 많은가 보네요. 그런데 혹시 표현하면서 힘든 것이 있었나요?
학생 1: 동물 그림을 그리기가 힘들었어요.
학생 2: 동물의 성격을 뭐라고 이야기해야 할지 모르겠어요.
교사: 다른 친구들도 동물의 성격에 관해 쓰기 힘들었나요?
학생들: 네.
교사: 이 부분은 다음에 이어서 알아보면 좋겠네요.

수업의 마지막은 자기 생각과 느낌을 자유롭게 발표하는 것으로 마무리한다. 대부분 친구와 이미 많은 이야기를 나누었기 때문에 위에 나온 이야기들이 반복적으로 나온다. 혹은 자유롭게 친구들과 대화한 것, 애완동물에 관한 이야기를 나눈 것이 재밌었다는 이야기들이 나온다.

이처럼 첫 차시는 우선 애완동물이라는 주제와 관련하여 학생들의 흥미를 한껏 끌어낸 후, 자유로운 대화와 질문/답변을 통해 자신의 배경지식을 끌어낼 수 있도록 한다. 이후 동물을 표현하는 활동을 통해 이미 아는 것과 모르는 것을 구분할 수 있도록 활동을 진행한다. 모든 활동은 완벽할 필요가 없다. 애완동물과 책에 대한 호기심을 불러일으킨다면, 그것으로 성공이다.

표지 살펴보기, 그리고 완벽함이란?

두 번째 차시는 표지를 보고 책의 내용을 상상해 보는 것을 주제로 한다. 책 표지에는 책 제목과 함께 한 소년이 있다. 소년은 빈 목줄을 들고 있고, 소년의 옆에는 물그릇이 있다. 첫 번째 활동에서 아이들은 표지를 보고 질문을 만든다.

> 교사: 오늘은 저번 시간에 안내한 책을 살펴보도록 하겠습니다. 제목이 뭐라고 했죠?
> 학생: 그… 애완동물이요!
> 교사: 오늘 수업할 책은 『구합니다! 완벽한 애완동물』입니다. 표지를 살펴보고 자유롭게 질문을 3개씩 만들어 보도록 하겠습니다. 제목, 색, 그림 등 어떤 것과 관련된 질문도 좋습니다. 3개가 너무 어렵다면 시간 내에 1~2개만 만들도록 노력하고, 옆 친구 것을 따라 써도 좋습니다.

대부분 학생들은 이미 애완동물에 대해 많은 대화를 나누었기 때문에 질문을 수월하게 써 나간다. 또한 어려워하는 학생들을 위해서

'소년은 자신의 애완동물과 함께 무엇을 할까요?' 등의 예시 질문을 학습지에 적어두는 것이 좋다. 그리고 간혹 주인공의 머리가 대머리라며 그 부분에만 몰입하는 학생이 있다면 "주인공의 머리가 이야기와 중요한 관련이 있을 수도 있으니, 그것과 관련된 질문을 적어도 됩니다. 다만 놀리려는 의도를 담아 적지는 않았으면 좋겠습니다."라고 지도해 주는 것이 좋다.

생각보다 아이들은 다양한 질문을 적어 낸다. 질문을 대부분 적었다면 다른 사람과 나눌 수 있는 시간을 준다. 이때 질문에 대한 답은 정답이 아니라 생각임을 강조하여 "친구의 답변은 정답이 아니라 친구의 생각이므로 반박하거나 비난하지 말고 그대로 적어 오도록 합니다." 정도로 안내한다.

학생들이 서로의 질문을 모두 나눈 후에는 해결이 안 된 질문에 대해 전체적으로 이야기를 나눈다. 아이들끼리는 모든 질문을 해결할 수 없으며, 아이들의 배움을 위해 교사가 약간의 도움을 주는 것이 중요하기 때문이다. 이때 충분한 여유 시간을 갖고 질문에 대한 답변을 학생들이 하도록 유도하는 것이 좋다. 해당 주제에 대해 다시 한번 깊게 생각해 보는 기회가 될 수 있기 때문이다. 시간 조절을 위해서, 혹은 더 이상 답변이 나오지 않을 경우 교사가 답을 해 주는 것이 좋다. 다만 이때 교사의 답변 또한 정답이 아님을 강조하고 생각과 근거를 명확하게 제시하여 답변하는 방법을 한 번 더 가르쳐 주는 것이 좋다. 더불어서 다음 주제와 연결되는 내용을 뽑아낸다면 수업의 흐름이 자연스러워진다.

교사: 해결 안 된 질문이 있나요?
학생 1: 네, '완벽한 애완동물이 무슨 뜻일까?'라고 물어봤더니 친구들이 모르겠다고 했어요.
교사: 완벽한 애완동물이 무슨 뜻일지 설명해 줄 수 있는 친구가 있을까?
학생들: …
교사: 그렇다면 단어를 조금 나눠보도록 하자, 우리 애완동물에 대한 이야기는 많이 해 보았으니 '완벽한'이라는 단어에 관해 얘기해볼까? 완벽하다는 것은 무슨 뜻일까?

책의 내용에서 완벽함은 크게 두 가지 의미로 사용된다. 타인의 기준에 대한 강박적인 맞춤과 있는 그대로 충분하다는 인정의 의미이다. 이 두 가지 의미는 책을 다 읽고 난 후 학생들이 배우게 될 도덕적인 측면과 연결된다. 그렇기 때문에 이 시점에서 완벽하다는 의미에 대한 궁금증을 불러일으키고 학생들이 완벽함이란 단어를 한 번 생각해 보게 하는 것이 중요하다. 또한 책을 읽기 전과 읽은 후의 생각을 비교하게 하기 위해 생각을 기록해 둘 수 있도록 한다.

학생 1: 완전한 거요.
교사: 완전한 애완동물? 비슷한 의미가 될 수 있겠네요.
학생 2: 마음에 꼭 드는 애완동물이요.
학생 3: 이것저것 다 할 수 있는 것이요.
교사: 완벽하다는 단어에 생각보다 많은 의미가 있네요. 애완동물 말고 다른 단어에 붙이면 의미가 조금 달라지기도 하고요. 이 내용은 책을 읽으면서 정리해 보고 읽고 난 후 다시 이야기 나눠보면 좋을 것 같습니다. 지금 완벽이라는 단어에 대해 생각나는 것을 학습지에 적어두고 수업을 정리하도록 합시다.

수업의 마무리는 앞 차시와 비슷하다. 자신이 느낀 것, 기억나는 것 등을 자유롭게 발표하고 나눌 수 있는 시간을 부여하고 정리한다. 두 번째 차시에서는 애완동물로 촉발된 학생들의 흥미와 관심을 책으로 옮겨 온다. 또한 질문과 답변을 나눠봄으로써 책의 내용을 예측하고, 완벽하다는 단어에 대해 생각해 보고 기록하도록 한다.

외로운 오리 그리고 나

세 번째 차시의 주제는 오리의 입장에 공감하는 것이다. 그림책 속의 오리는 모든 활동을 혼자 한다. 혼자 살고, 혼자 지내고, 혼자 논다. 외로움을 느낀 오리는 타인이 필요한 상태이다. 그래서 애완동물을 구하는 헨리를 찾아 나선다. 오리는 헨리의 광고 조건에 맞추기 위해 개로 변장을 한다. 이때 '오리의 마음은 어떨까?', '내가 오리라면 어떤 생각이 들까?', '이미 오리와 같은 경험이 있지는 않을까?' 등의 생각을 통해 학생들은 오리와 비슷한 친구들을 포용할 수 있는 마음의 준비를 한다. 또한 오리와 같이 상처받은 자신을 치유하는 한 발짝을 딛게 된다.

탐색-반응 단계에서는 교사가 학생들에게 그림책을 읽어 준다. 오리가 모든 것을 혼자 하는 장면에서 읽기를 멈추고 학생들에게 "오리는 혼자 살았고, 탁구도 혼자 치고, 해도 쓸쓸히 혼자 지켜보았습니다. 오리는 어떤 감정이 들었을까요?"라는 질문을 던진다. 대부분의 학생들이 오리가 외로워한다는 것을 잘 짚어 낸다. 또한 다들 한번씩 혼자 있었던 경험이 있기 때문에 그때 자신이 느낀 다양한 감정들을 이야기할 수 있다. 그리고 자신의 경험을 그 감정의 근거로 붙여서 쉽게 이야기할 수 있다.

그 후 질문-반응 단계에서는 외로운 오리에게 묻고 싶은 것을 적게 한다. 외로운 오리에게 할 수 있는 질문의 종류는 크게 두 가지가 있다. 첫 번째는 사실관계에 관한 질문이다. "왜 혼자 있게 되었니?", "혼자 있을 때 무슨 생각이 드니?" 등이다. 두 번째는 질문의 형태를 한 위로의 말이다. "혼자 있어도 괜찮니?", "나와 같이 놀래?" 등의 질문들이 나온다. 발표를 원하는 학생의 질문을 전체에게 들려주고 전체 학생 중 답변을 하고 싶은 학생들의 답변을 받다 보면 학생들도 어렴풋이 첫 번째 질문의 형태와 두 번째 질문의 형태를 느끼게 된다. 이를 통해 오리의 감정에 한 발짝 다가갈 수 있다.

이어서 그림책을 다 같이 읽다 보면 오리가 개로 변장하는 장면이 나온다. 마지막 정리-반응 단계로 오리의 마음에 깊게 공감하는 부분이다. 오리는 외로움을 이겨내기 위해 어색하게나마 개로 변장하고 헨리를 찾아 나선다. 이때 오리는 복잡한 감정을 느낄 것이다. 착잡하기도, 씁쓸하기도, 두렵기도, 설레기도 할 것이다.

학생들이 질문-반응 단계에서 했던 질문을 종합하여 "오리의 마음은 어땠을까요?"라는 질문으로 오리의 마음을 정리해 보도록 한다. 학생들의 반응도 천차만별이다. 긍정적인 감정을 적는 학생부터 부정적인 감정을 적는 학생까지 전부 존재한다. 이 반응을 바탕으로 학생들끼리 이야기를 나누게 해 보면 학생들끼리도 놀라는 반응을 볼 수 있다. 자기 생각과 너무나도 다른 학생들이 있기 때문이다. 기본적으로 공감도 지식과 경험이 있어야 수월하기 때문에, 대부분의 학생들은 오리가 자신의 생각과 다르게 사고할 수도 있다는 생각을 잘 하지 못한다. 이 나눔을 통해 학생들은 오리의 입장을 조금 더 입체적으로 생각할 수 있게 된다.

이어지는 활동은 오리의 경험을 나의 경험으로 끌고 오는 것이다. 앞의 활동을 하면서 오리의 입장을 입체적으로 생각해 보았지만, 학생들은 이 경험을 타인의 이야기라고 생각한다. 추가 활동이 없이는 오리의 이야기를 본인 혹은 주변 사람의 이야기라고 생각하지 못한다. 그렇기 때문에 오리의 이야기가 사실 나와 주변 사람의 이야기라는 것을 깨닫도록 활동을 진행한다.

교사: 오리는 헨리와 친구가 되기 위하여 어려움을 참고 개를 흉내 내었습니다. 여러분도 다른 사람을 위해 어려움을 참고 행동한 경험이 있나요?
학생 1: 싫어하는 놀이를 같이했어요.
학생 2: 매운 것을 못 먹는데 같이 먹으러 갔어요.
학생 3: 야채 먹기 싫은데 야채를 먹었어요.

처음엔 머뭇머뭇하던 학생들도 몇 명이 발표하는 내용을 들으면 하고 싶은 이야기가 많아진다. 이 내용을 글로 써보게 하면 가벼운 이야기부터 무거운 이야기까지 저마다의 이야기를 열심히 쓴다. 그리고 그 당시의 마음이 어땠는지를 물으면 이전 활동에서 나온 오리의 심경과 비슷한 이야기들이 나온다. 마지막으로 “여러분들이 쓴 내용을 들어보니 오리와 비슷한 점이 많네요. 여러분 모두 오리와 비슷한 경험을 한 것 같아요. 이어지는 오리의 이야기가 여러분에게도 도움이 되면 좋겠습니다."라고 정리하고, 수업에서 기억나는 것, 느낀 것 등을 공유하고 수업을 마친다.

너는 그대로 완벽해

다섯 번째 차시의 주제는 상대방에 대한 이해다. 개로 변장한 오리 스폿은 헨리가 원하는 애완동물이 되기 위해 최선을 다한다. 외적인 것뿐만 아니라 내적인 것까지 말이다. 그러나 스폿의 본질은 오리이기 때문에 개를 완벽히 흉내 낼 수 없다. 결국 스폿은 실수를 하고, 오리의 변장은 모두 떨어져 나간다. 결국 오리는 자신이 개가 아님을 이야기한다. 이 말을 들은 헨리는 "아, 그렇구나."라고 실망스러운 목소리로 대꾸한 후 오리를 안고 집으로 간다. 위 내용을 학생들에게 읽어준 후 학생들에게 "헨리의 반응을 본 스폿은 어떤 기분이었을까요?"라고 질문을 던진다.

학생들은 대부분 헨리가 스폿을 더 이상 좋아하지 않을 것으로 생각한다. 그래서 대부분 부정적인 감정에 대해 이야기한다. "슬플 것 같아요.", "속상할 것 같아요." 등의 의견이 주로 나온다. 이 중 자신의 경험을 더해 이야기하는 학생이 나오면 그 내용을 따라 다음 단계를 진행한다.

교사: 그때 친구가 어떻게 행동해 주었으면 좋았을까요?
학생 1: 저랑 같이 놀아 주었으면 좋았을 것 같아요.
학생 2: 저한테 양보해 주면 좋았을 것 같아요.
학생 3: 사과를 해 주었으면 좋았을 것 같아요.

여러 발표를 들어본 후 책의 다음 내용을 읽어준다. 헨리는 놀랍게도 오리에 대한 조사 내용을 들고 와서 오리에 대해 알아본다. 그리고 스폿을 자기 친구로 인정한다. 개 흉내를 내지 않아도 말이다. 심지어 "넌 나에게 딱 맞는, 완벽한 친구야."라는 말을 한다.

책을 끝까지 읽어준 후 "친구들에게 거절당하거나 이해받은 경험이 있나요?"라는 말로 학생 개개인의 경험을 상기시킨다. 아이들은 앞다투어 자신의 이야기를 하고 싶어 한다. 학습지에 내용을 적도록 하면 음식을 갖고 생긴 사소한 이야기부터, 같이 놀지 않겠다고 절교한 이야기까지 다양한 이야기가 나온다. 이 이야기를 서로 나누게 하면 학생들은 사건뿐만 아니라 자신의 감정, 그런 감정이 드는 이유까지 자세하게 다른 학생들에게 이야기한다. 몇 가지 내용을 발표하게 하면 비슷한 내용들이 반복된다. 그리고 한 가지 공통점이 보인다. 지금 한 이야기를 그 당시 상대방에게 했다면 조금 더 쉽게 이해받았을 것이라는 점이다. 그렇기 때문에 나와 상대방의 마음을 구체적으로 파악하는 활동을 한다.

상대방의 마음을 명확하게 파악했기 때문에 말을 못 한 경우도 다루어 준다. 부모님이 음식을 골고루 먹으라는 말씀을 하는 것이 기분이 나쁘지만 쉽게 반박하지 못하는 경우가 있다. 부모님이 자신을 위해서 골고루 먹으라고 하는 것을 파악했기 때문이다. 이때 왜 직접 말하지 못했는지를 스스로 생각해보게 한다.

마지막으로 완벽함의 의미에 대해 다룬다. 책을 읽기 전 학생들이 생각한 완벽함은 사전적 의미인 '결함이 없이 완전하다.'에 가깝다. 그러나 책 속에 나온 완벽함은 '있는 그대로 마음에 꼭 맞다.'에 가깝다. 더 이상 바꿀 것이 없이 있는 그대로 상대방을 인정한다는 것이다. 이 의미를 한 번 생각해 보게 한 후에 친구 관계에 관해 이야기를 나눈다. 학생들은 보통 나를 위해 나에게 맞춰주는 친구를 완벽하다고 생각한다. 혹은 간혹 친구 관계를 유지하기 위해서는 상대방에게 완벽하게 맞춰야 한다고 착각하고는 한다. 그러나 완벽한 친구란 서로 일부러 맞출 필요 없이 서로를 그대로 인정해 주는 친구이다. 학생들과의 대화에서 해당 내용을 끌어낸 후 수업을 마무리한다.

구합니다! 완벽한 나의 친구

여섯 번째 차시의 주제는 완벽한 친구 구하기이다. 앞선 차시들의 수업 결과로 학생들은 완벽한 친구가 서로를 그대로 인정해 주는 관계임을 알고 있다. 그래서 이번 차시에서는 학생들이 먼저 자신을 그대로 드러내고, 그 정보를 보고 친구를 구한다.

첫 번째 활동으로는 각자 자신을 상징하는 동물 캐릭터를 만들고 별명을 만든다. 직접적으로 자신의 특징과 장단점을 쓸 때보다 캐릭터를 이용할 경우 학생들이 장단점을 조금 더 수월하게 쓸 수 있기 때문이다. 가급적 자신의 성격과 어울리는 동물을 그리도록 하지만 자신이 좋아하는 동물을 그려도 괜찮다. 그리고 자기 외모나 성격 등의 특징을 자유롭게 쓰도록 한다. 이때 동물 그림을 너무 어려워하는 학생들에게는 미술 시간이 아니니 그림을 예쁘게 그리는 데 너무 노력할 필요는 없음을 강조한다. 반대로 그림을 지나치게 성의 없이 그리는 학생에게는 그림의 첫인상 때문에 친구들이 특징조차 읽지 않고 넘어갈 수도 있음을 이야기한다. 또한 작품에 자신의 이름은 적지 않는다. 친구 구하기 활동에서 이름이 있으면 활동이 제대로 진행되지 않을 수 있기 때문이다. 어린이들은 선입견에 많은 영향을 받는다. 그리고 작품에 이름이 보이면 친구를 있는 그대로 보려는 노력보다 자신의 선입견에 입각한 판단을 더 많이 한다.

캐릭터 그림을 다 그린 후에는 친구 구하기 활동으로 넘어간다. 친구들의 동물 캐릭터를 살펴보고, 그 캐릭터가 마음에 들면 자신의 별명을 써넣는다. 동물 캐릭터를 배부할 때는 전체를 수합해서 무작위로 배부한 후 일정한 규칙대로 넘긴다. 되도록 반 전체가 빠짐없이 보면서 모든 캐릭터를 보게 하는 것이 좋다. 이것이 힘들 경우엔 분단 정도 단위에서 돌릴 수 있도록 한다. 작품이 누구 것인지 유추하는 것보단 캐릭터와 특성이 자신의 마음에 드는지를 위주로 살필 수 있도록 한다.

모두 살펴보고 자신의 별명을 적어 넣었다면 앞으로 교실에서 있을 활동들은 오늘 만들어지는 친구들을 최대한 고려하겠다고 안내한다. 이후 본인의 학습지를 돌려주도록 한다. 이때 자신의 별명이 공개된다. 학생들은 자신이 보았던 캐릭터가 누구의 것인지를 분주하게 살핀다. 한 명 한 명 별명을 발표할 때마다 집중하여 쳐다본다. 그리고 새로운 친구 관계를 기대한다.

마지막으로 책을 읽으며 기억에 남는 것, 생각 등을 자유롭게 발표하며 책과 관련된 활동을 정리한다. 많은 수의 학생들은 이 수업을 통해 긍정적인 경험을 한다. 친구에 대한 인식의 전환, 상처받은 자신에 대한 치유 등등을 경험하기 때문이다. 또한 자신이 알고 있다고 생각한 내용 중에 모르는 것이 있을 수도 있음을 깨닫는다. 이는 추후 학생들이 학습에 대한 필요성을 느끼는 것으로 이어질 수 있다. 그리고 활동을 모두 한 후에 읽기 전, 읽기 중 활동 중 일부를 돌아보게 한다면, 학생들은 자신의 인식 변화와 성장을 느낄 수 있을 것이다.

아이들의 마음을 사로잡는 큐앤알 수업

제 4 부

제1장 큐앤알로 풀어가는 첫 만남

아직은 차가운 아침 공기. 숨의 크기에 따라 여러 갈래의 입김이 나온다. 출근의 무게에 눌려 나온 한숨인지, 새 시작의 포부를 담은 큰 숨인지, 많은 것이 한데 모여 여러 모양의 입김을 만든다.

올해는 6학년을 맡았다. 교가와 애국가 제창 시간이 언제부터 침묵 시간이었지. 아이들을 한 번 훑어보았다가 버틸 수 없는 어색함에 나도 시선을 컴퓨터 모니터에 고정했다. 10년쯤 하면 3월의 이 어색한 공기가 의연해질까?

물론 첫 만남에 어색한 것은 지극히 자연스러운 일이다. 그러나 유연하고 편안한 분위기가 갖추어져야 교사-학생 간 그리고 학생 상호 간 교감을 촉진할 수 있다. 그리고 상호작용은 성장의 열쇠가 된다. 따라서 편안한 분위기가 빠르게 형성될수록 좋을 것이다.

3월 첫날 아이들의 배움과 성장을 위해, 나아가 활발한 교감과 상호작용을 위해 "교실은 평화롭고 즐거운 곳이란다. 편안하게 마음먹어도 좋아!"라는 말을 전해주고 싶었다. 그런데 따옴표 안에 든 말을 그대로 읽는다고 해서 아이들이 "아하! 선생님! 덕분에 마음이 편해졌어요!"라고 답변할 리는 만무하지 않은가.

내가 전하고 싶은 말을 여러 활동으로 바꾸어 아이들에게 스며들듯이 다가가는 것을 택했다. 따라서 3월 첫날 계획을 세우는 데 굉장한 공을 들였다. 질문을 주재료 삼아 MZ 교사다운 톡톡 튀는 레시피를 써내려 갔다.

1교시: 분위기를 들었다 놨다 Hey(해)!

교가 제창과 함께 시업식의 막이 내리면, 야속하게도 남은 모든 시간은 담임교사의 몫이 된다. 온전히 내 몫이 된 어색함을 미루고자 아무렇지도 않은 척, 그러나 최대한 천천히 방송을 끄고 TV에 컴퓨터 화면이 보이게 바꾼다. 이윽고 나만 바라보는 수십 개의 눈동자를 마주한다. 이 분위기 속에서 교사 소개를 해내야 한다! 난 MBTI로 이야기 하면 극I(내향형)인데! '이제 무엇을 해야 하지?'

다음 소개 방법은 사면초가의 상황 속에서도 교사에 대한 호감도를 단숨에 끌어올릴 수 있는 나만의 전략이다.

■ 1단계: 선생님에 관한 7가지 정보!

간단한 인사와 함께 교사의 이름을 밝힌다. 출석부를 보며 아이들 이름을 부르고 한 명씩 눈 맞춤을 한다. 기본적인 준비가 끝났으면 능청스럽게 말한다. "만나서 반갑습니다. 아직 선생님이 아주 낯설죠?

여러분이 선생님에 대해 잘 알 수 있도록 선생님에 관한 7가지 중요 정보를 알려주겠습니다."

1. 선생님은 미국 버지니아에서 태어났다.
2. 선생님은 초등학생 때 전교 1등으로 졸업했다.
3. 선생님은 유튜버이다.
4. 선생님은 결혼해서 아이가 세 명이다.
5. 선생님은 대학생 때 신문에 나온 적이 있다.
6. 선생님은 인도 영화에 출연한 적이 있다.
7. 선생님은 아이돌 연습생을 한 적 있다.

당연히 거짓말이다. 딱 한 가지의 정보를 제외하고는 말이다. 거짓말 속 진실 한 가지만 섞어놓으면 1단계 레시피는 완성이다! 적절한 거짓말이 생각나지 않을 땐 학창 시절을 생각해 보면 좋다. '수학 20점을 맞아본 적 있다.', '받아쓰기 0점을 맞아본 적 있다.' 혹은 '반 1등을 한 적이 있다.' 등등. 혹은 친구나 가족에게 일어난 일을 활용하는 것도 방법이다. 예를 들어 '친구가 연예인이 되었다.', '옆집에 누가 살았다.', '가족이 어떤 이유로 TV에 나왔다.' 등이 있다.

▪ 2단계: 10초 만에 분위기 풀기

이렇듯 아이들 앞에서 당당하고 뻔뻔하게, 너무 몰입한 나머지 오히려 담담한 모습으로 자기소개를 한다. 아이들의 반응이 무르익는다. 존경의 눈빛으로 한껏 분위기가 고조될 때 "어때요? 새로 만난 선생님은 참 대단한 사람 같지 않나요? 그런데 더 놀라운 것을 알려줄

게요. 이 중에 진짜 정보는 딱 한 가지뿐이란 것입니다."라고 말한다. 여기저기서 본능적인 탄성이 튀어나온다. 어느새 어색한 분위기가 사라진다.

■ 3단계: 진짜 정보를 찾는 질문!

"여섯 가지 가짜 정보 중에 숨은 한 가지 진짜 정보는 무엇일까요?" 라고 물으면, 아이들이 알아서 이런저런 추측을 한다. 웅성웅성한 분위기가 형성되면 딱 10개의 질문만 받는다고 말한다. 분위기가 풀렸음에도 어색함이 남아 있을 테니 손을 들지 않고도 앉은 자리에서 자유롭게 질문하도록 한다. 의미심장한 미소를 유지하며 때론 지나치게 구체적으로 때론 답변을 안 들은 것과 같을 정도의 애매모호함으로 응수하면 된다.

첫 번째 레시피 포인트는 처음부터 거짓 정보가 섞여 있다고 말하지 않고 일곱 가지 정보가 모두 진짜 정보인 양 말하는 데에 맛이 있다. 처음 만난 선생님에 대한 경외심이 들 뻔한 순간 진실은 한 개밖에 없다는 귀여운 고백이 분위기를 가볍게 풀어준다. 간단한 방식으로 분위기를 들었다 놨다 할 수 있는 것이다.

두 번째 레시피 포인트는 수용적이고 허용적인 분위기를 만드는 것이다. 사춘기와 낯가림이 무르익은 6학년 교실은 발표를 꺼리는 학생들이 많다. 따라서 편안한 분위기를 조성하고자 앉아서 자유롭게 질문할 수 있도록 계획한 것이다. 이와 달리 적극적인 교실이라면 손을 들고 교사가 지목한 다음 질문하거나 일어나서 질문하는 방법 등으로 바꿀 수 있다. 교실이 적막한 분위기라면 질문한 친구를 교사가 크게 칭찬해주는 것은 물론 먼저 질문한 아이가 다음에 질문할 아이를 뽑기, 무작위 번호 뽑기 등의 방법을 활용해도 좋다.

2교시: 자기소개 식은 죽 먹기!

2교시에는 본격적인 교사 소개와 아이들의 소개를 하는 것으로 구성했다. 시업식이 일찍 끝나 1교시가 남는다면 바로 이어서 해도 좋다. "그런데 이렇게 소개하니 정작 선생님에 대한 진짜 정보는 1가지밖에 모르는군요. 선생님에 관해 더 알고 싶은 것은 없나요? 여러분, 앉아서 듣기만 하면 재미없죠? 교실 야구와 함께 선생님에 관한 OX 퀴즈를 풀어봅시다." 교사 소개를 OX 퀴즈로 한 다음 똑같은 형식으로 아이들이 자기소개를 하도록 한다.

■ 재료 준비: 교실 야구

교실 야구란 OX 퀴즈를 내고 퀴즈를 맞히면 1루씩 전진, 틀리면 제자리에 남는 교실 놀이다. 모두 1루에서 시작하고, 문제를 맞힐 때마다 2루, 3루, 홈으로 각각 1루씩 전진할 수 있다. 홈에 도착하면 점수를 1점씩 얻는다. 홈에서 문제를 맞히면 다시 1루로 진출하여 놀이를 반복한다. 누의 위치는 창문 쪽 교실 뒤편을 1루, 복도 쪽 교실 뒤편을 2루, 복도 쪽 교실 앞편을 3루, 칠판 앞을 홈으로 했다. 퀴즈를 내는 사람은 TV 모니터 앞, 즉 교사 자리에 서서 자신에 대한 퀴즈를 낸다.

OX 퀴즈의 정답표시는 몸을 활용해서 한다. 머리 위로 크게 혹은 자기 몸 앞에서 작게 손으로 OX를 표시하도록 한다. 1차전 교실 야구는 교사가 낸 OX 퀴즈로 2차전 교실 야구는 아이들이 낸 OX 퀴즈로 진행한다. OX 퀴즈는 모두 간단한 질문형식으로 구성한다.

■ 1단계: 자기소개에 대한 부담 줄이기

재료 준비가 끝났으니, 본격적으로 자기소개 레시피를 단계별로 설명하고자 한다. 새 학기 첫날 자기소개, 학창 시절 난 이걸 시키는 선생님이 제일 싫었다. 그런데 내가 교사가 되어 보니 안 시키려 해도 안 시킬 수가 없었다. 1년 동안 함께할 친구들 앞에서 자신을 소개하는 정성, 그리고 다른 친구들의 이야기를 경청하는 성의는 한해살이 시작의 덕목이기 때문이다.

'피할 수 없는 자기소개라면 아이들이 느끼는 부담이라도 줄여줘야지. 자기소개를 식은 죽으로 만들어 드리겠습니다. 먹기만 하세요!'

이를 위해 첫째, 명확한 틀과 충분한 예시를 제공한다. 아이들의 자기소개에 앞서 선생님에 관한 OX 퀴즈를 먼저 10문제 가까이 푸는 이유이다. 둘째, 자기소개의 양을 줄인다. 학생들이 앞으로 나와 해야 할 일은 딱 1문제의 퀴즈를 내는 것으로 제한한다. 어떻게 인사하고 어떤 순서대로 말하면 되는지 등 공식적인 말하기 방법은 PPT에 명확히 안내하여 학생의 고민을 줄인다. 학생들이 부담해야 할 양은 자신이 만든 OX 퀴즈 한 문제밖에 없도록 돕는다.

〈퀴즈 내는 방법〉

자기소개를 하는 사람은 선생님 자리로 나오세요.
(말하는 사람) "안녕? 내 이름은 ○○○이야."
(듣는 사람 다 같이) "안녕? ○○아?"
(말하는 사람) OX 퀴즈 내기
(듣는 사람 각자) 손으로 표시하기
(말하는 사람) "정답은 O!" 또는 "정답은 X!"

첫 번째 레시피 포인트는 아이들의 관심사나 수준을 반영하여 퀴즈를 내는 것이다.

1. 선생님은 민초파일까요? (O, X)
2. 선생님은 에버랜드에서 아르바이트한 적이 있을까요? (O, X)
3. 선생님이 아이브에서 제일 좋아하는 사람은 장원영일까요? (O, X)
4. 선생님은 오빠가 있을까요? (O, X)
5. 선생님은 ○학년을 처음 가르칠까요? (O, X)
6. 선생님은 방학 때 제주도를 갔다 왔을까요? (O, X)
7. 선생님은 태권도 검은 띠의 유단자일까요? (O, X)
8. 선생님의 제일 친한 친구는 초등학교 3학년 때 같은 반 친구일까요? (O, X)
9. 선생님은 왼손잡이일까요? (O, X)
10. 선생님은 오늘 출근길에 뉴진스 노래를 들으면서 왔을까요? (O, X)

두 번째 레시피 포인트는 정답 발표 후 문제에 대한 설명이나 후속 활동을 간단하게 덧붙이는 것이다. 교실 야구 중엔 아이들이 교사 설명에 집중할 수 있는 환경이 아니므로 간단하게 하는 것이 중요하다. 예를 들어 선생님이 민초파가 아니라면 어떤 아이스크림을 좋아하는지 공유하거나 민초파인 아이들은 손을 들어보게 하는 활동이 있다. 혹은 여행 등의 이야기를 할 때는 짧게 사진을 보여주는 것도 좋다.

■ 2단계: 교실 단합의 맛!

1차전과 2차전 교실 야구를 진행할 때 아이들 스스로 점수를 칠판에 기록하도록 한다. 바둑판 모양으로 점수판을 그려놓고 칠판, 즉 홈을 지날 때마다 바둑판 한 칸에 차례대로 동그라미로 표시하게 한다. 동그라미가 그려진 바둑판의 수를 세면 우리 반 전체가 획득한 점수를 한눈에 확인할 수 있다. 목표점수에 달성한 경우 간단한 간식으로 학급 보상을 제공한다. 등교 첫날인 만큼 경쟁하는 것이 아닌 하나의 목표를 이루는 단합 활동으로 구성하였다. 목표점수는 아이들과 함께 정하는데, '학급당 인원수'와 '4문제를 맞힐 때마다 1점을 얻을 수 있다는 점'을 고려해 교사가 적절한 목표점수를 생각해 가면 더 좋다.

■ 3단계: 부담 없이 딱 한 줄 자기소개를 하는 구체적 방법!

교사에 대한 퀴즈를 모두 풀었으면 다시 자기 자리에 앉도록 한다. "선생님에 대해서 잘 알 수 있는 시간이었습니다. 그런데 교실엔 선생님만 있는 것이 아니지요? 선생님도 여러분이 궁금합니다. 자기 자신에 대해서 선생님과 친구들에게 소개해 봅시다. 부담 갖지 않아도 돼요! 방금 선생님과 한 것처럼 나에 대한 OX 퀴즈를 딱 한 문제만 내면 됩니다."라고 말한다.

교사는 A4용지를 6 등분한 작은 종이를 활동지로 나누어준다. 활동지에 적어야 하는 것을 명확히 안내한다. 자신의 이름, 나에 대한 질문형식의 OX 퀴즈, 정답이다. 또한 활동의 즐거움을 위해 내가 낸 퀴즈의 정답을 친구에게 미리 알려주지 않아야 한다는 규칙을 반드시 공유한다. 활동 시간을 주고 순회지도 하며 이름을 안 적은 아이는 없는지 OX 퀴즈를 질문 형식으로 잘 만들었는지 확인한다. 특히, 이름을 안 적은 아이가 없는지는 반드시 확인한다. 다 적은 문제는 두 번 접어 빈 상자에 모은다.

교실 야구 1차전이 교사가 내는 OX 퀴즈였다면, 교실 야구 2차전의 주인공은 아이들이다. 단합의 맛을 느끼기 위해 공동의 목표점수를 한 번 더 정하고, 아이들은 모두 일어나 홈으로 가서 준비한다. 교사는 상자에서 활동지를 하나 뽑는다. 교사가 쪽지에 적힌 이름을 부르면 그 학생은 교사 자리로 나온다. 아이가 부담을 덜 수 있도록 레시피 포인트에서 언급한 퀴즈를 내는 방법과 순서는 화면에 계속 띄워

두어야 한다. 앞으로 나온 아이가 화면을 참고하여 인사하고, 퀴즈를 내고, 정답 발표까지 했으면 퀴즈를 낸 학생은 원래 자기가 있었던 위치로 돌아간다. 교사는 상자에서 다음 쪽지를 뽑아 반복한다. 이처럼 1차전과 유사한 방법으로 교실 야구를 진행한다.

3교시: 두근두근 첫인상 모으기!

2교시 활동을 통해 아이들은 한 명씩 앞으로 나와 자기소개를 하였다. 자기소개 OX 퀴즈로 친구들과 일대다로 만나는 경험을 한 것이다. 이를 확장하여 3교시에는 일대일로 소통하는 기회를 제공하고자 한다. 기왕이면 3월 첫 주에만 할 수 있는 첫인상 나누기 활동과 함께!

다른 사람들이 보는 내 모습은 어떤지, 다른 사람들 눈에는 내가 어떻게 보이는지 궁금한 것이 인간의 본능이다. 그리고 그 인간의 본능을 자극하면 호기심이 샘솟는다. 왕성한 호기심으로 활동에 적극적으로 임하면, 첫날이 즐거운 기억으로 남고, 나아가 아이들이 '학교는 가고 싶은 곳이다!'라고 생각하게 되는 큰 그림을 그려본다.

내 계획대로 훈훈한 활동으로 마무리되기 위해서는 활동지라는 재료가 잘 준비되어야 한다.

■ 재료 준비: 첫인상 활동지 만들기

긍정적인 첫인상을 주고받을 수밖에 없도록 활동지를 만들어야 한다. 활동지는 표 형식으로 만들었는데, 1열과 3열에는 긍정적인 느낌을 나타내는 표현을 미리 적어둔다. 친구를 보고 떠오르는 첫인상에 동그라미 표시만 하면 되는 것이다. 아이들은 활동에 부담 없이 참여할 수 있고 혹시라도 상처받는 아이가 생기는 것을 방지할 수 있고 다음 표의 형식과 문구를 참고하여 진행할 수 있다.

친절해!		친해지고 싶어!	
에너지 넘쳐!		그냥 느낌이 좋아!	
행복해 보여!		오랫동안 알고 지내고 싶어!	
말투가 고와!		같이 놀고 싶어!	
자신감 있어!		우리 반에 꼭 필요한 존재야!	
센스 넘쳐!		경청을 잘해!	
멋져!		믿음직스러워!	
밝아!		앞으로가 기대돼!	
신중해 보여!		예의가 발라!	
똑 부러져!		잘하는 게 많을 것 같아!	
차분해!		신중해!	

노래를 틀고 교실을 자유롭게 돌아다니도록 한다. 친구를 만나면 가위바위보를 하고 이긴 사람의 첫인상을 진 사람이 표시해준다. 가위바위보를 거부할 수 없으며 진 경우에도 다시 가위바위보를 신청할 수 있다. 대신 바로 연달아 똑같은 친구에게 가위바위보 신청하는 것은 안 된다. 한 명이라도 다른 친구와 가위바위보를 한 후, 다시 신청하는 것은 가능하다. 활동의 재미를 위해 활동지는 들고 다니지 않는다. 그 대신 테이프로 등 뒤에 활동지를 붙인다. 활동이 다 끝나

고 난 후에야 친구들이 보는 내 첫인상을 확인할 수 있는 것이다. 활동 시간은 최대한 많은 친구와 첫인상을 주고받을 수 있도록 여유롭게 주면 된다.

여기서 레시피 포인트는 교사가 함께하는 것이다. 첫인상 모으기 활동이 반 정도 진행되어 아이들의 집중력이 살짝 떨어질 때, 교사도 등판에 활동지를 붙이고 활동으로 냅다 뛰어들면 아이들이 정말 좋아한다. 아이들과 같은 위치에 서서 똑같이 가위바위보를 하고 서로 첫인상을 주고받는다. 가위바위보 신청을 못 하고 주춤대는 아이가 있으면 그 아이에게로 먼저 다가간다. 아이들과 교사는 어느새 우리 반으로 하나가 된다. 시끌벅적하게 돌아다니면서 교감한다. 첫 날이지만 성큼 가까워진다.

4교시: 각자 조용히! 자기소개서를 적으며 찾는 내면의 맛

2교시의 교실 야구, 3교시의 첫인상 모으기라는 코스 요리로 어색함을 먹어 치웠다. 마지막 교시는 각자 조용히 앉아서 자기소개서를 작성하는 것으로 아름다운 마무리를 한다. 점심을 먹기 전에 들뜬 마음을 조금 가라앉히고, 숨을 돌리며 나의 내면에 집중할 수 있도록 한다. 자기소개서 작성이 금방 끝날 것 같다면 안내 사항을 전달하거나 교과서 배부 등을 같이 하는 시간으로도 활용해도 좋다.

자기소개서엔 불필요한 질문들을 최대한 생략했다. 아이를 파악할 수 있는 중요 질문들로 고심하여 구성하였다. 나의 경우 이런 질문들을 중점으로 담았었다.

- 나는 어떤 선생님이 필요한가요?
- 작년에 학교 오는 것이 즐거웠나요? 그 이유는 무엇인가요?
- 나와 친한 같은 반 친구 이름은 무엇인가요?
- 나와 친한 다른 반 친구 이름은 무엇인가요?
- 나와 불편한 친구가 있다면 그 친구의 이름은 무엇인가요?
- 요즘 나의 최대 관심사 세 가지는 무엇인가요?
- 내가 고치고 싶은 점은 무엇인가요?
- 내가 좋아하는 과목과 그 이유는 무엇인가요?
- 내가 싫어하는 과목과 그 이유는 무엇인가요?
- 나의 고민은 무엇인가요?
- 나는 요즘 100점 만점 중 몇 점만큼 행복한가요? 그 이유는 무엇인가요?
- 그동안 만났던 선생님을 떠올려봅시다. 어떤 선생님이 좋은가요?
- 그동안 만났던 선생님을 떠올려봅시다. 어떤 선생님이 싫은가요?
- 선생님께 바라는 점, 부탁드리고 싶은 점, 드리고 싶은 말, 궁금한 점 등 자유롭게 적어봅시다.

질문에 대한 답을 적는 것은 줄 칸을 만들어 두면 좋다. 빈칸으로 두니 매우 짧은 문장이나 추상적인 단어로 답하는 학생들이 몇몇 있었다.

첫 번째 레시피 포인트는 진지한 분위기로 바꾸는 것이다. 방방 뛸 듯 한껏 오른 분위기에서 진지하게 작성하는 분위기로 전환하는 것이 중요하다. 나는 아이들에게 교사의 말을 따라 하도록 했다. 힘겹게 가까워진 거리를 다시 멀어지게 만들지 않으면서도 꽤나 효과적으로 분위기를 다스릴 수 있는 말이었다!

교사: 따라 합니다. 내가 쓰는 글씨는
학생: 내가 쓰는 글씨는!
교사: 나의 대신입니다.
학생: 나의 대신입니다.
교사: 나의 얼굴입니다.
학생: 나의 얼굴입니다!
교사: 선생님께서 여러분에게 갖는
학생: 선생님께서 여러분에게 갖는
교사: 첫인상입니다!
학생: 첫인상입니다!

두 번째 레시피 포인트는 교사가 아이들에게 직접 다가가 질문하는 것이다. 아이들이 자기소개서를 쓰는 동안 난 1분단 첫째 줄부터 돌아다녔다. 단순히 잘 쓰고 있나 보려고 돌아다니는 것은 아니고, 한 명씩 다가가서 1:1로 소곤소곤 말을 건네었다. 갑작스럽게 말을 거는 교사에 아이들은 긴장한 내색을 보이지만 수줍은 모습, 좋아하는 듯한 모습이 함께 묻어난다. 주로 "아침은 먹고 왔어? 오늘은 몇 시에 일어났어? 잘 잤어? 오늘 옷 잘 어울리네? 작년에는 몇 반이었어?" 등등 부담 없이 반응할 수 있는 간단한 질문을 건넨다. 할 말이 없으면 적은 자기소개서를 보고 관련된 질문을 하는 것도 좋다.

이렇게 3월 첫날, 개학 날의 하루를 지나 보낸다. 교사라면 느끼는 2월 말부터 3월 초까지의 긴장과 부담이 있다. 그것들을 조금은 가볍고 새롭게 푸는 데 도움이 되는 레시피가 되면 좋겠다. 2년 차 교사의 초신상 레시피라 서툰 부분이 많지만 '오! 이렇게도 요리할 수 있겠군!' 딱 이 정도의 감상으로만 남는 것이 내 바람이다. 그럼 너그럽게 또 마음껏 시식해 주세요!

제2장 큐앤알로 풀어가는 한글날 교육

10월 9일 한글날이 되면, 한글날과 관련된 영상을 보거나 배움 활동을 한다. 이 활동들은 한글에 관련된 정보를 알려주고, 한글을 사랑하는 마음을 갖도록 계획된다. 매년 한글날 계기 교육을 하며 느낀 점은 학생들이 해당 활동에 크게 관심이 없다는 것이다. 소수의 몇 학생만 관심을 가지고, 나머지 학생들은 그저 영상을 보고 학습지를 하면 끝이라고 생각하는 것이다. 또한 매해 한글날 교육을 하기에, 학생들은 한글날에 대해 이미 내가 다 알고 있다고 생각한다. 하지만, 한글에 관하여 질문을 하면 막상 잘 모르고 있는 것이 현실이다. 한글에 대해 학생들이 직접 궁금한 점을 생각해 보고, 나의 궁금한 점들을 해결하는 과정을 통해 한글에 대해 좀 더 관심을 갖도록 큐앤알을 활용한 한글날 수업을 진행하였다.

탐색-반응. 나는 누구일까요?

학생들이 배움 주제에 관해 관심을 가지고 생각할 수 있도록 다섯 고개를 진행한다. 힌트를 듣다가 정답이 무엇인지 알게 되면 조용히 손을 든다. 하지만, 내가 답을 알더라도 다른 친구의 생각을 방해하지 않도록 5번까지 힌트를 다 듣고 답을 말할 수 있도록 한다. 정답 확인 후 몇 번째 설명을 듣고 답을 알게 되었는지 이야기하는 시간을 갖는다.

나는 누구일까요?

1. 나는 대한민국의 자랑입니다.
2. 나는 과학적입니다.
3. 나는 배우기 쉽습니다.
4. 나는 여러분 모두가 사용하고 있습니다.
5. 나는 세종대왕과 관련이 있습니다.

첫 번째와 두 번째 힌트를 보고는 아리송한 표정을 짓던 학생들이 세 번째 힌트부터는 조금씩 손을 들기 시작한다. 그리고 마지막 힌트가 끝나기 무섭게 반 전체가 손을 번쩍 들며 자신감 가득 찬 표정으로 선생님을 바라본다.

■ 배움 목표 확인

'한글'에 대해 바르게 알아봅시다.

❙ 질문-반응. 한글! 네가 궁금해

① 한글에 대해 이미 알고 있는 내용 발표하기
② 한글에 대해 궁금한 점 2~3가지 공책에 쓰기

③ 친구와 궁금한 점을 묻고 생각을 나누기
④ 새롭게 알게 된 내용 및 여전히 궁금한 점 함께 나누기
⑤ 한글과 관련된 영상 보기
⑥ 여전히 궁금한 질문에 대해 교사가 설명해주기

첫 번째 활동은 '한글! 네가 궁금해'이다. 이미 한글에 대해 알고 있는 내용을 발표하는 시간을 갖는다. 초등학교 3학년 수준으로 다음과 같은 내용을 발표한다.

학생 1: 세종대왕님께서 만드셨다.
학생 2: 우리나라의 언어이다.
학생 3: 소리를 글자로 만들었다(표음문자).
학생 4: 기역, 니은, 디귿… 아, 야, 어, 여….
학생 5: 받침이 있다.
학생 6: 10월 9일은 한글날이다.
학생 7: 집현전에서 만들었다.(대다수의 학생은 집현전이 무엇인지 몰랐다.)

발표가 끝나면 공책에 한글에 대해 궁금한 점을 2~3가지 정도 적는다. 질문을 적고, 친구들과 만나 질문에 대해 서로의 생각을 공유하는 시간을 갖는다. 활동 후에 친구들과 대화하여 알게 된 내용에 대해 발표한다. 교사는 발표를 통해 오개념을 가진 학생이 있는지 파악하고, 이를 수정하여 알려주도록 한다.

또한, 여전히 궁금한 질문이 있는 아이들의 질문은 칠판에 쓰며 함께 이야기를 나눈다. 3학년 교실에서는 다음과 같은 질문들을 칠판에 쓰고 함께 이야기했다.

- 한글은 언제 만들어졌을까?
- 한글은 어디에서 만들었을까?
- 어떻게 한글을 만들었을까?
- 왜 세종대왕님이 한글을 만들었을까?
- 한글은 무슨 뜻일까?
- 어떻게 기역이 목구멍 모양인 것을 알았을까?
- 자음과 모음을 붙이면 어떻게 많은 소리를 만들까?
- 우리는 왜 한글을 배울까?

"한글은 언제 만들어졌을까?", "한글은 어디에서 만들었을까?", "어떻게 한글을 만들었을까?"와 같은 질문들은 아이들이 궁금할 것 같아 관련된 영상을 미리 준비했다. 모든 내용을 다 교사가 설명해 주면 교사의 부담도 크다. 또한, 아이들도 지루해할 수 있기 때문에 아이들 수준에 맞는 한글 관련 영상을 보여주는 것이 좋다. 그 영상을 보면서 자연스럽게 대다수의 질문이 해결된다. 영상을 보고도 해결되지 않은 질문들은 교사가 설명을 해준다. 바로 설명하기 어려운 것들은 인터넷 검색을 통해 함께 찾아본다. 칠판에 썼던 질문 중에 가장 기억에 남는 것은 "왜 세종대왕님이 한글을 만들었을까?"이다. 세종대왕님이 어떤 마음으로 만들었는지를 궁금해하는 질문이었다. 그 전 왕들은 왜 한글을 안 만들고 많은 시간이 흘러 세종대왕님이 만들었는지를 궁금해하는 것이었다.

학생 1: 다른 왕들은 세종대왕님처럼 백성들을 생각 안 했나 봐.
학생 2: 맞아, 그러니까 세종대왕님이 한글을 만드셨나 봐.
학생 3: 그래서 만 원짜리에 세종대왕님이 계시는가 봐.

백성들의 입장에서 백성들을 진정 생각했기에 한글이라는 글자를 만드신 세종대왕님의 마음을 더욱 깊이 깨달을 수 있었던 질문이었다. 아이들이 학습지나 영상으로 수동적으로 배우지 않고, 대화를 통해 스스로 생각하게 되었다. 그래서 세종대왕께서 백성들을 사랑하는 마음으로 한글을 만드셨다는 것을 오래 기억할 수 있다.

정리-반응. 한글과 놀이해

정리-반응 활동으로는 한글과 관련된 놀이를 했다. 학년이나 학급 수준, 특성에 따라 2가지 놀이 중 1가지를 골라서 진행할 수 있다.

▪ 한글 자음 가족 놀이

프랑스의 '프티바크'를 활용하여 변형한 놀이이다. 제시어 자음에 맞게 각 주제별 단어를 빠르고 정확하게 써야 하는 놀이이다. 개인, 모둠 놀이 모두 가능하다. 저학년의 경우 놀이 학습지가 필요하며, 고학년은 게임이 익숙해지면 공책에 표를 그려 진행할 수 있다.

① 자음 중 하나를 제시하기 ex) 이응(ㅇ)

② 자음 칸에 이응을 쓰고, 이응으로 시작하는 제시어 쓰기

자음	동물	음식	물건	나라
ㅇ(이응)	오랑우탄	옥수수	연필	영국

③ 가장 먼저 쓴 학생이 멈춰!를 외치면 모두 쓰던 행동을 멈추기

④ 가장 먼저 쓴 학생이 자신이 쓴 단어를 발표하기
⑤ 그 친구와 같은 단어를 쓰면 +1점씩 얻기
⑥ 가장 먼저 쓴 학생이 모든 제시어가 정답으로 인정되는 경우, 제시어 개수만큼 점수를 얻기

〈가장 먼저 쓴 학생 학습지〉

자음	동물	음식	물건	나라	점수
ㅇ(이응)	오랑우탄	옥수수	연필	영국	4점

〈나의 학습지〉

자음	동물	음식	물건	나라	점수
ㅇ(이응)	오랑우탄	엿	연필	이탈리아	2점

※ 먼저 작성한 학생이 틀린 답을 쓸 경우 해당 회차에서 획득한 점수는 무효가 되며, 다시 모두에게 기회가 돌아가게 된다. [따라서, 점수를 표시할 때, 꼭 연필로 표시하도록 한다.]

ex) 제시어 - 이응(ㅇ): 발표가 인정되는 경우 ▸ 제시어에 맞는 답을 모두 씀

자음	동물	음식	물건	나라	점수
ㅇ(이응)	오랑우탄	옥수수	연필	영국	4점

ex) 제시어 - 이응(ㅇ) 발표가 인정되지 않는 경우 ▸ 제시어에 맞는 답 중 틀린 것 있음

자음	동물	음식	물건	나라	점수
ㅇ(이응)	오랑우탄	옥수수	연필	우리나라	

★ 먼저 발표한 친구가 틀린 경우 다시 모두에게 기회가 돌아가기 때문에, 재빨리 나의 답을 써서 발표한다. 이전에 발표했던 단어를 똑같이 써도 된다. 발표하는 친구가 정답을 다 말하고 마지막 하나를 틀릴 경우 하나만 얼른 고쳐서 발표해도 인정이 된다. 이때, 필요한 것은? 스피드!

⑦ 몇 번 반복하여 가장 많은 점수를 얻은 사람이 승자

저학년의 경우 이응으로 시작하는 단어를 쓰라고 하면, 생각보다 많은 학생들이 '강아지'와 같이 받침으로 이응이 들어가는 단어를 써도 되는지 묻는다. 이응으로 시작하는 단어가 무엇인지 함께 이야기를 나누며 초성과 종성에 대해 자연스럽게 이해할 수 있다. 또한 발표하는 친구와 내가 쓴 단어가 같다면 나도 점수를 얻을 수 있기 때문에 자연스럽게 친구의 발표에 경청하게 된다. 다른 학생이 발표하는 단어 중 모르는 단어의 경우 함께 뜻을 확인하며, 다양한 단어를 자연스럽게 학습하게 되는 놀이이다. 저학년, 고학년 모두 참여도가 높고, 좋아하는 놀이이다.

활동 한 걸음 더

1. 발표하는 친구가 틀릴 수 있기 때문에 친구의 답을 듣고, 내 학습지에 표시할 때는 꼭 연필을 사용한다.
2. 먼저 작성한 학생과 같은 단어를 쓴 경우 먼저 작성한 학생 외 다른 친구들에게만 1점을 주는 방법으로 게임을 진행할 수 있다. 고학년의 경우 이렇게 진행하면 다른 학생이 쓰지 않을 단어를 생각하기에 더 풍성한 단어 학습을 할 수 있다.
3. 학습지는 학년 수준, 학급 수준에 맞게 변형하여 운영할 수 있으며, 학급 회의를 통해 주제를 함께 정할 수 있다.
4. 주제어로 '인물'을 하는 경우 정답 인정이 되는 범위를 미리 알려주어야 한다.
   1) 아이돌, 유명 유튜버의 이름도 정답으로 인정되는가?
   2) 학급 아이들의 이름도 정답으로 인정되는가?

자음 가족 놀이

학교 학년 반 번 (　　　　)

자음	동물	음식	나라	물건	점수
자음	동물	음식	나라	물건	점수
자음	동물	음식	나라	물건	점수
자음	동물	음식	나라	물건	점수
자음	동물	음식	나라	물건	점수

[그림] 자음 가족 학습지

■ 한글 카드놀이

한글 초성 두 글자를 보고 단어를 생각하여 점수를 얻는 놀이이다. 종이를 뒤집었을 때, 내용이 보이지 않는 색지 또는 두꺼운 종이에 한글 초성을 인쇄하여 카드로 만들어 준비한다.

① 한글 자음 카드 만들기 [쌍자음이 들어가는 경우 난이도가 훨씬 올라간다.]
② 모둠별로 순서를 정하기
③ 한글 자음 카드를 뒤집어서 안 보이게 한 뒤 섞기
④ 모둠의 1번이 카드 두 장을 뒤집어서 자음 두 개를 고르기
⑤ 자음 두 개로 만들 수 있는 단어 말하기

뽑은 카드	카드를 뽑은 순서에 따라 정답 말하기	카드를 뽑은 순서에 상관없이 정답 말하기
기역(1번)과 디귿(2번)	구두(o) 당근(x)	구두(o) 당근(o)

⑥ 단어를 맞게 말하는 경우 점수 1점을 얻기
⑦ 친구가 답을 말하지 못하는 경우 다른 친구에게 기회가 돌아감
⑧ 제한 시간 동안 가장 많은 점수를 얻은 사람이 승자

활동 한 걸음 더

1. 자음 카드를 두 쌍으로 만들어 진행해야 계곡, 고기, 이응과 같이 같은 자음으로 이루어진 단어를 만들 수 있다.
2. 놀이를 진행하면 학생들이 "선생님, 커피라고 했는데, 이거 맞아요?" 라는 질문을 하게 된다. "영어 단어이니까 정답이 아니지."라고 이야기하는 학생도 있고, "한글로만 된 단어가 생각보다 없어요."라는 학

생도 있다. 놀이 전 정답이 인정되는 단어의 범위를 정하고 놀이를 진행해야 한다.

본 학급에서는 '커피', '버스' 등과 같이 우리말로 바꾸기 어려운 단어는 정답으로 인정하고, '밀크(우유)', '워터(물)'와 같이 우리말로 바꿀 수 있는 단어는 정답이 아닌 것으로 진행했다. 이를 통해 자연스럽게 외래어와 외국어의 차이에 대해 알아보는 시간이 되었다.

제3장 큐앤알로 풀어가는 독도 교육

독도는 우리 땅이다. 소중한 우리 영토이고, 지켜야 할 우리의 영토이다. 하지만 독도에 대해 학생들은 얼마나 알고 있을까? 얼마나 관심이 있을까? 아이들은 독도에 대해 잘 모르고 있다. 우리나라 땅이라는 것은 알고, 다른 나라가 자신의 땅이라고 우기면 화는 나지만, 왜 우리나라 땅인지 모르고 있다. 독도 영토 분쟁 문제가 불거지면 그때 잠깐 화르르 관심이 타오르지만 이내 가라앉는다. 아이들이 독도에 대한 궁금한 것들을 질문하고, 함께 이야기를 나누며 독도에 관해 관심을 두기를 바라는 마음으로 큐앤알을 활용한 독도의 날 교육을 진행하였다.

탐색-반응. 어떤 노래일까요?

"지금부터 노래를 들려 주겠습니다. 노래만 듣고 어떤 노래인지 한번 맞혀보세요."라고 이야기를 하며 노래를 들려준다. 갑자기 선생님이 수업 시작하자마자 노래를 들려준다고 이야기하면 학생들은 도대체 어떤 노래인지 궁금한 마음이 생긴다. 그리고 집중해서 듣게 된다.

이때, 중요한 것은 영상 등은 보여주지 않고, 1절 노래만 들려주는 것이다. 그 이유는 노래 가사와 관련된 활동을 할 예정이기 때문이다. 전주를 듣는 순간 많은 학생들이 "독도는 우리 땅!"이라고 말하며 독도는 우리 땅을 따라 부르기 시작한다.

■ 배움 목표 확인

독도에 대해 바르게 알아봅시다.

질문-반응 1. 놀라운 독도 노래

첫 번째 활동은 '놀라운 독도 노래!'이다.

"여러분, 놀라운 토요일 프로그램 알아요?"라는 질문을 하는 순간 학생들의 반응은? "네! 저 봐요!", "재미있어요!", "토요일에도 저 봤어요!"라며 분위기가 뜨거워진다. "오늘 우리도 그 프로그램처럼 노래를 듣고 받아쓰기를 할 겁니다."라는 선생님 말이 끝나기 무섭게 "와, 우리도 해볼 수 있어요?"라며 눈빛이 초롱초롱하게 빛나는 학생들의 표정을 볼 수 있다. 왜냐하면, 해당 프로그램은 많은 학생들이 즐겨 보는 프로그램이며, 나도 연예인이 했던 활동을 비슷하게 해볼 수 있다고 생각하기 때문이다.

1. 노래를 들을 수 있는 기회는 3번이다.
2. 노래를 듣고 학습지 빈칸을 채운다.
   단, 다른 사람에게 방해되지 않도록 노래는 마음속으로 부른다.

독도는 우리 땅

학교　　학년　반　　번　(　　　　　)

■ 독도는 우리 땅 가사를 듣고 빈칸에 들어갈 말을 써봅시다.

1절	울릉도 동남쪽 뱃길따라 (　　　　)K 외로운 섬하나 새들의 고향 그 누가 아무리 자기네 땅이라고 우겨도 독도는 (　　　　)
2절	경상북도 울릉군 (　　　　) 읍 (　　　　) 동경 132　북위 (　　　　) 평균기온 13도 강수량은 (　　　　) 독도는 (　　　　)
3절	오징어 (　　　　) 대구　홍합 (　　　　) 주민등록 (　　　　)　이장 (　　　　) 19만 평방미터 799에 (　　　　) 독도는 (　　　　)
4절	지증왕 13년 섬나라 (　　　　) 세종실록지리지 (　　　　) 울진현 하와이는 미국땅 대마도는 조선땅 독도는 (　　　　)
5절	러일전쟁 직후에 임자없는 섬이라고 억지로 우기면 정말 곤란해 신라장군 (　　　　) 지하에서 웃는다 독도는 (　　　　)

[그림] 독도는 우리 땅 학습지

독도는 우리 땅 노래 가사 중 일부가 비어있는 활동지를 만들어 학생들에게 나누어준다. 이때, 학년 및 학급의 수준에 따라 빈칸을 조절한다. 학생들은 노래를 세 번 들을 수 있고, 노래를 들으며 받아쓰기를 한다. 노래를 듣는 순간 고요함과 적막이 가득하고, 열심히 귀를 쫑긋하며 노래를 듣는 귀여운 학생들의 모습을 볼 수 있다. 정해진 횟수의 노래를 듣고, 노래 가사가 나오는 영상을 함께 보며 답을 확인한다.

질문-반응 2. 노래 가사가 궁금해

두 번째 활동은 '노래 가사가 궁금해'이다. 학생들과 함께 독도는 우리 땅 노래를 부르며 활동을 시작한다. 교사가 노래 가사 속에서 학생들이 궁금해할 것 같은 질문을 먼저 한다.

"노래 가사에서 87K가 무엇일까요?"라고 교사가 질문하면 학생들은 "무슨 말인지 모르겠어요."라고 답한다. "87K는 울릉도와 독도의 거리를 말해요. 87Km(킬로미터)를 의미합니다. 팔십칠 킬로미터로 노래를 부르기 어려워서 팔 칠 케이로 줄여서 부른다고 합니다."라고 교사가 알려주면 학생들은 고개를 끄덕인다.

그리고 교사처럼 노래 가사를 보고 궁금한 내용을 공책에 적도록 한다. 3학년 학생들을 대상으로 한 수업에서 질문은 2~3가지 쓰도록 했다. 공책에 궁금한 것을 적고 친구들과 만나 서로의 질문을 이야기하고 함께 생각해보도록 한다. 이때, 어려운 단어나 인물 등은 앞과 뒤의 가사를 보고 추론해서 답을 하도록 교사가 미리 안내한다. 예를 들어, 87K, 동경 132 북위 37 등 학년 수준에서 학생들이 무슨 의미인지 유추하기 어려운 문장들은 교사가 미리 알려주고 시작하는 것이 좋다. 다음은 3학년 학생들이 썼던 질문이다.

- 신라 장군 이사부 님은 누구실까?
- '울릉읍', '독도리'가 뭘까?
  (경상북도 울릉군 울릉읍 독도리를 주소라고 생각하지 못해 울릉읍, 독도리를 단어라고 생각함.)
- 김성도, 최종덕 님이 누구일까?
- 799에 805가 무엇일까?
- 조선은 무슨 나라일까?
- 우산국이 무엇일까?

활동이 끝나고 함께 좋았던 질문, 여전히 궁금한 질문 등을 칠판에 함께 정리하였다. 생소한 낱말이나 인물들이 가사 속에 많이 나오기 때문에 아이들끼리 해결되지 않은 질문이 많았다. 미리 아이들 수준에 맞는 독도 관련 영상을 준비하였고, 그 영상을 먼저 함께 보았다. 그리고, 영상을 보고 알게 된 점들을 함께 정리하였다. 영상을 보았지만, 몰랐던 내용은 교사가 설명을 해주었다.

정리-반응. 독도 홍보지 만들기!

오늘 학습하여 독도에 대해 새롭게 알게 된 내용을 독도 홍보지로 만드는 활동이다. 미술 시간과 연계하여 운영할 수 있다. '다케시마의 날'과 같이 일본이 독도를 자신들의 땅으로 주장하고 있는 자료들을 먼저 보여주면 학생들의 열정이 활활 타오르게 된다. 이후, 우리나라에서 만든 독도 포스터, 독도 우표 등 독도와 관련된 홍보지를 미리 보여주고 홍보지나 포스터 등을 만들도록 한다.

평소 그림에 자신이 없는 친구들을 위하여 독도 지역 사진, 독도에 사는 생물들, 독도와 관련된 인물들의 캐릭터 등을 인쇄하여 나누어 주면 그림을 못 그리는 것에 대한 불안감을 낮추어 좀 더 열심히 홍보지 만들기에 참여하도록 도울 수 있다.

제4장 큐앤알로 풀어가는 진로 교육

아이들에게 "너는 꿈이 뭐야?"라고 물으면 단순히 직업을 이야기하거나 "저는 꿈이 없어요."라고 자신의 꿈을 말하지 못하는 학생들이 많다. 직업을 이야기할 때도 왜 그 직업이 가지고 싶은지에 대해 생각해서 말하지 못하는 경우가 많다. 꿈과 직업이 완벽하게 동일한 개념은 아니다. 또한 직업을 한 가지만 가질 수 있다는 것도 오개념 중 하나이다. 긍정적이고 바람직한 대답은 '~ 일을 하는 ~사람이 되고 싶고, ~일도 하면서 ~일도 할 수 있고 ~영향을 미치는 사람이 되고 싶어요.'라고 생각한다. 아이들이 자신의 미래 모습을 그려보고 단순히 화려하게 보이는 직업이나 돈을 많이 버는 직업이나 혹은 부모님이 강요하는 직업이 아닌 자신이 진정으로 하고 싶은 일을 찾고 꿈을 꿀 수 있는 진로 교육을 위해 큐앤알을 활용한 진로 수업을 진행하게 되었다.

탐색-반응. 직업 맞히기 놀이

학생들이 다양한 직업을 탐색하고 반응할 수 있도록 직업 다섯 고개를 진행한다. 교사는 그 직업에 대한 힌트 다섯 가지를 제시하는데 힌트를 적게 듣고 맞힐수록 점수를 많이 부여한다. 단 문제당 한 번씩 정답을 이야기할 수 있는 기회를 주어 학생들이 단순히 던지듯이 말하는 것이 아니라 적극적으로 추측할 수 있도록 한다.

직업 다섯 고개

1단계. 직업 중 하나입니다.(5점)
2단계. 다섯 글자입니다.(4점)
3단계. 이 직업을 가진 사람이 여자보다 남자가 더 많아요.(3점)
4단계. 컴퓨터를 많이 해요.(2점)
5단계. 게임을 몹시 잘합니다.(1점)
추가 힌트. 롤드컵에서 우승한 페이커 선수는 이 직업을 가지고 있습니다.

정답. 프로게이머

저학년의 경우 난이도를 낮추어 조금 더 단순하게 직업적인 특성을 알 수 있는 단어를 여러 개 제시하고 직업을 맞히는 형태로 수업을 열어나가도 좋다.

예시) 환자, 병원, 청진기 - 의사 / 학교, 학생, 칠판 - 선생님 /
환경, 청소, 아침 - 환경미화원 / 박스, 운송, 수레 - 택배기사

■ 배움 목표 확인

아이들과 '나의 꿈과 미래'에 대해 함께 탐색하는 시간을 가진다.

질문-반응. 니 꿈은 뭐이가? 내 꿈은 뭐이다!

첫 번째 활동은 '니 꿈은 뭐이가?'이다. 활동 제목은 책 제목을 활용했다. 『니 꿈은 뭐이가』는 조선 최초 여자 비행사이자 독립운동가인 권기옥 선생님의 이야기를 다룬 책이다. 이 책의 주인공인 권기옥 선생님은 독자들에게 "니 꿈은 뭐이가?"라고 묻는다. 자신이 진정으로 하고 싶은 일, 그리고 꼭 이루었으면 하는 일은 무엇인지 생각해보라는 것이다. 그리고 꿈을 향한 확고한 의지와 노력이 있다면 현실적인 장벽은 충분히 넘어설 수 있다고 말한다. 5학년 1학기 국어 교과서에 수록되어 있지만 전 학년 함께 읽고 이야기 나누면 좋은 책이다. 꼭 이 인물이 아니더라도 각 학년의 위인 관련 단원과 연계해서 수업할 수 있다. 교과서 지문을 함께 읽거나 동화책을 이용하거나 유튜브의 관련 영상을 활용하여 수업하는 방법도 있으며, 가정이나 학급의 상황에 따라 인물을 바꾸어 진행해도 좋다.

■ 책을 읽으며 궁금한 점을 떠올려보기

교사 혹은 부모가 실감 나게 책을 읽어준다. 아이들에게는 책 내용을 들으며 권기옥 선생님에게 궁금한 점을 떠올려보도록 지도한다. 이때 책 내용에 집중하는지 확인하기 위해 읽는 사람이 내용과 관련된 질문을 중간중간에 던지며 주의를 환기하는 것도 좋다. 혹은 책이 여러 권일 경우 모둠 친구들이 한 장씩 돌아가면서 읽는다. 아이들은 그 페이지에서 궁금한 점을 그때그때 붙임종이에 적어 '잠깐만'이라고 외치고 해당 페이지에 붙여놓는다. 그 붙임종이는 책을 다 읽은 뒤에 다시 처음으로 돌아와 하나씩 질문을 나누고 해결하며 제거한다.

■ 권기옥 선생님께 궁금한 것 질문 만들기

아이들이 질문을 쓸 때 한 사람이 여러 질문을 해도 괜찮으나 중복되는 질문이 많을 수 있다. 또한 질문에 대한 부담감을 줄이기 위해 처음에는 한 사람당 한 개의 질문을 붙임종이에 작성하도록 한다. 반대쪽의 부착 면에는 만약 내가 권기옥 선생님이라면 어떻게 대답했을지 예시 답변을 적는다. 그리고 자신의 질문을 칠판에 자기 번호 위에 붙인다. 교사는 칠판 위에 활동명을 적고 학생들이 붙임종이를 붙일 칸을 번호 순서대로 마련해둔다. 그러면 한 사람도 빠짐없이 활동에 참여하도록 격려하고 확인할 수 있다. 칠판에 부착된 서로의 질문을 읽어보며 만약 내가 권기옥 선생님이라면 어떻게 답했을지 생각해보는 시간을 가진다. 이때 아이들의 예시 답안은 부착된 뒷면에 있으므로 보이지 않는다. 즉흥적으로 답하는 것도 좋으나 미리 생각해보면 조금 더 심도 있게 답변할 수 있으므로 모든 아이들이 다른 친구들의 질문을 한번씩 살펴본 후 다음 활동을 진행하면 좋다. 또한 질문을 유목화하여 비슷한 질문은 미리 모아놓는 것이 이후에 인터뷰하는 데 용이하다.

■ 권기옥 선생님이 되어 인터뷰하며 질문에 답하기

교실에 권기옥 선생님을 초청해서 질문을 주고받는 핫시팅 기법을 활용한 시간을 가진다. 이때 권기옥 선생님 역할은 원하는 학생들이 돌아가며 맡는다. 조금 더 실감 나게 표현하기 위해 검은색 동그라미 뿔테 안경과 마이크, 영화 슬레이트 등 권기옥 선생님을 나타낼 수 있는 소품을 준비하면 좋다. 해당 학생은 마이크를 들고 교실 앞 중앙 의자에 앉는다. 마이크를 주고 교사는 사회자 역할을 맡아 권기옥 선생님을 모시고 환대하며 분위기를 조성한다. 질문은 한 사람당 3~4개 정도를 맡아 대답하며 질문에 대답하기 어려운 경우 질문을 한 친구의 예시 답변을 참고할 수도 있고 다음 권기옥 선생님에게 대답을 넘길 수 있다. 다만 역할에 몰입하여 만약 내가 권기옥 선생님이라면 무엇이라고 답했을지 깊이 있게 고민하여 답하도록 한다. 마지막으로 답변이 어려운 질문은 모았다가 권기옥 선생님과 관련된 영상을 보고 교사와 함께 문제를 해결한다. 또는 문제를 출제한 학생이 시간을 가지고 조사해서 이후에 친구들에게 발표하는 방식으로 해결한다. 학생들이 핫시팅 기법을 활용하여 서로 인터뷰를 한 내용은 다음과 같다. 학생 2와 학생 5는 권기옥 선생님의 역할을 맡았다.

학생 1: 아버지는 왜 '갈례'라고 불렀을까요? 그때 기분이 어땠나요?
학생 2: 나는 둘째 딸인데, 갈례는 얼른 가라, 죽으라는 뜻이야. 그때는 남아선호사상이 강해서 딸보다는 아들을 원했어. 다들 아들만 좋아하니깐 정말 이상하고 속상했지.
학생 3: 처음 비행기를 본 순간은 언제인가요? 그때 어떤 생각이 들었나요?
학생 2: 내가 17살쯤 되었을 때 스미스라는 미국 사람이 비행기를 타고 조선의 하늘 위를 날아다녔어. 사람들은 달구지를 타고 다니면서 자동차도 흔히 본 적 없었는데 엄청나게 신기해했지.

학생 4: 비행사가 되고 싶은 이유는 무엇인가요?

학생 5: 그때 조선은 일본의 식민지로 지배를 받고 있었어. 사람들이 다치고 죽는 모습을 보는 게 억울하고 싫어서 독립운동을 했지. 나는 일본 경찰에게 잡혀 수많은 고문을 당했고 또 잡히면 죽을 것 같았어. 그래서 중국으로 가는 배를 타서 비행사가 되어 비행기를 타고 날아 일본과 싸우기로 마음 먹었지.

학생 6: 비행 학교를 가기 위해 어떤 노력을 했나요?

학생 5: 정말 열심히 중국어와 영어를 배웠어. 그리고 중국의 비행학교를 찾았는데 여자라서 입학할 수 없다는 거야. 그래서 무작정 당계요 장군을 찾아갔지. 가는 길은 험난하고 멀었지만 나는 포기하지 않았어. 당 장군을 설득해서 장군은 나를 위해 비행학교에 편지를 써 주었고 나는 입학해서 모든 훈련을 다 견뎌냈어. 그리고 드디어 비행사가 될 수 있었지.

■ 질문의 주체를 나로 바꾸어 생각해 보기 '내 꿈은 뭐이다!'

'내 꿈은 뭐이다!' 활동은 질문의 주체를 나로 바꾸어 생각하는 것이다. 권기옥 선생님은 비행기를 조종하며 독립운동을 하고 출판사를 세워 책을 출판하고 돈이 없는 젊은이들을 후원하는 다양한 일을 하셨다. 이처럼 내가 진정으로 하고 싶은 일을 떠올리며 그 일을 위해 어떤 노력을 할지 구체적으로 정리하는 시간을 갖는다. 단지 직업을 나타내는 단어를 간단하게 쓰는 것이 아니라 나의 행복을 이루며 사회에 이바지할 방법을 함께 찾아 문장으로 만들도록 지도한다. 진로가 직업에만 국한되지 않도록 하며 한 사람이 한 가지 직업만 가져야 하는 게 아니라 다양한 직업을 동시에 가질 수 있음을 설명한다.

예를 들어 단순히 '축구선수'라고 작성하기보다는 '저는 사람들에게 꿈과 희망을 심어주는 자랑스러운 국가대표 축구선수가 되고 싶습니다. 돈이 없어서 축구 하지 못하는 어린 학생들을 지원해 주기 위해 장학 재단을 설립할 것입니다. 그리고 나중에는 저의 일대기를 쓴 작가가 되고 싶습니다.'와 같이 구체적으로 작성하도록 한다. 약간의 재미를 위해 붙임종이에 작성하고 나면 제비뽑기로 순서를 정해 무작위 발표를 한다. 호명된 학생은 앞에 나와 자신의 꿈을 이야기하고 이전 활동과 같이 활동 제목과 번호가 칠판에 적힌 곳에 자기 번호를 찾아 부착하고 들어간다. 이렇게 하는 이유는 모든 학생이 활동에 참여함을 확인하기 위해서이다. 친구들 앞에서 자신의 꿈을 이야기하는 것은 공언하기 활동이므로 최고의 반응하기 활동이다.

수업 전 아이들에게 꿈이 무엇이냐고 물었을 때 대답하지 못하거나 단순하게 직업 한 가지만 이야기했었다. 그러나 처음의 모습과는 다르게 큐앤알을 활용한 진로 수업을 마친 후 학생들의 대답은 다음과 같다.

- 저는 아이돌 안무를 만드는 안무가 겸 댄서가 되고 싶습니다. 제가 만든 안무를 보고 사람들이 좋아서 따라 하면 뿌듯하고 좋을 것 같기 때문입니다.
- 저는 지구를 지키고 길을 걷는 사람들이 깨끗한 환경을 보며 행복해질 수 있도록 환경미화원이 되고 싶습니다. 지구가 깨끗해지면 제가 좋아하는 동물들도 멸종이 되지 않을 수 있기 때문입니다.
- 저는 기분이 좋지 않을 때 노래를 듣습니다. 다른 사람에게 힘이 되는 가사를 써서 노래를 부르는 가수가 되고 싶습니다. 그리고 쉬는 날에

> 는 맛있는 커피와 디저트를 만들어 행복을 주는 카페 사장 겸 바리스타가 되고 싶습니다.

큐앤알학습을 통해 아이들은 본받을만한 인물을 선정하여 그 인물에게 질문하고 인물의 입장에서 생각해 본다. 또한 인물이 꿈을 이루는 과정과 모습을 통해 아이들은 자신의 꿈을 더욱더 구체적으로 그릴 수 있게 된다.

정리-반응. 아무튼 출근

다양한 직업을 간접 체험해 보기 위해 멀티미디어 영상을 활용하는 것은 효과적이다. 코로나 시즌에 다양한 직업을 소개하는 프로그램인 '아무튼 출근' 영상을 활용하였다. 유튜브의 펭수의 직업 체험이나 그 외 직업을 간접 체험할 수 있는 일반인들의 브이로그도 활용할 수 있다. 영상은 학급 어린이들의 성향과 흥미에 맞게 교사가 미리 유해한 내용은 없는지 확인 후 선정하여 수업을 진행하면 좋다. 아이들의 흥미를 유발할 수 있는 직업을 함께 보고 그 직업의 좋은 점과 어려운 점 그리고 그에 대한 자기 생각과 궁금한 점을 쓴다.

그리고 개별적으로 자신이 관심 있는 직업을 찾아 영상을 보고 정리할 수 있는 시간을 가진다. 이후에 더 관심이 있는 직업에 대해 궁금한 점을 생각해보며 자신의 미래 직업에 대해 알아보는 시간을 가진다. 아이들마다 관심 있는 직업이 다르고 같은 직업을 선정하더라도 궁금한 점이 다르다. 스마트 기기가 보급된 학급이라면 개별적으로 학급 안에서 찾아보는 시간을 가질 수 있다. 여건이 되지 않는다면 집에서 자신의 질문에 대해 답을 찾고 개별적으로 조사하는 시간을 가진다. 아이들이 사용한 학습지의 예시는 다음과 같다.

다양한 직업과 나의 진로 탐색

초등학교 학년 반 번 이름:

순서	직업	이 직업이 하는 일은 무엇인가요?	이 직업의 좋은 점과 힘든 점은 무엇인가요?	이 직업에 대해 궁금한 점(더 알아보고 싶은 점)을 생각하며 질문을 적고 조사해 보세요.
1				
…				
N				

- 나는 어떤 직업에 관심이 있나요? 그 이유는 무엇인가요?
- 그 직업이 하는 일은 무엇인가요?
- 그 직업을 가지고 싶은 이유는 무엇인가요?
- 그 직업을 가지기 위해 어떤 노력이 필요할까요?

일부는 아이들과 함께 교실 안에서 연습처럼 같이 채워보고 이후의 내용은 각자 자신의 관심과 선호에 따라 선택하여 영상을 보고 채우도록 한다. 또한 질문은 교사가 선제시 할 수도 있고 고학년이라면 질문 목록을 만들어서 들어갈 질문을 함께 추가하며 학습지를 만들 수 있다.

이번에는 개별적으로 스스로 질문하고 조사하는 과정을 거친 만큼 조금 더 구체적으로 다양하게 반응하기를 할 수 있다. 문장으로 정리하여 나타내는 방법 이외에도 꿈을 이룬 미래의 모습을 그림으로 나타내기, 30년 뒤의 미래를 상상해서 글쓰기, 간단한 대사와 몸짓을 활용하여 일인극으로 자신의 미래 모습 나타내기 등 다양한 방법으로 정리 활동을 할 수 있다.

제5장 큐앤알로 풀어가는 학교 폭력 예방 교육

학교에서뿐만 아니라 학원과 유치원, 어린이집 등 아이들이 단체생활을 하면서 겪게 되는 갈등 상황은 빈번하다. 따라서 아이들이 나눌 수 있는 경험이 많으며, 같은 실수를 반복하지 않고 문제를 예방하기 위해 학교폭력예방 교육은 필수적이다. 매년 학교폭력예방교육은 모든 교육기관에서 필수적으로 이루어지고 있다. 아이들이 캠페인 활동을 진행하고 주도적으로 수업에 참여하게 하기 위하여 큐앤알학습을 활용하였다. 아이들이 직접 캠페인 활동을 진행하며 주도적으로 수업에 참여하기 위해 큐앤알학습을 활용하였다.

■ 배움 목표 확인

안전한 학교를 만들기 위해 '학교폭력의 위험성과 예방의 중요성'을 아이들과 함께 이야기한다.

탐색-반응. 내가 상처받았던 경험이나 상처를 주었던 경험 나누기

수업하기 전 학생들이 경험했던 사례를 나누며 주제의 친숙함을 느끼도록 한다. 바로 발표하는 경우 감정이 격해져 고발의 장이 될 수도 있다. 생각을 정리하며 순화해서 작성할 수 있도록 글을 쓴 뒤 차분하게 경험을 나누는 것이 좋다. 아이들이 살아오면서 학교에서 혹은 가정에서 친구들 혹은 가족과 갈등을 겪었던 상황이 있을 것이다. 이때 아이들에게 상처받았던 경험과 상처를 주었던 경험 모두 생각해 볼 수 있도록 한다. 그리고 그때로 다시 돌아간다면 어떻게 말하고 행동할지 작성하도록 한다. 아이들이 작성한 글은 다음과 같다.

글쓰기 사례 1)

먼저 내가 상처를 주었던 순간은 어린이집에 다닐 때 친구에게 "배신자"라고 했는데 그 친구가 선생님께 일러서 선생님께 많이 혼났다. 그때 친구의 마음은 화났을 수도 있겠다고 생각한다. 그때는 선생님께 이른 것이 분해서 먼저 사과를 안 했지만 지금이라면 친구에게 미안하다고 먼저 사과했을 것 같다.

다음으로 내가 상처를 받은 순간은 작년에 친구들과 놀 때 한 친구가 나한테 욕해서 상처받았다. 그때 내 마음은 화났었고 만약 다시 돌아간다면 욕을 한 친구에게 다음부턴 욕을 하지 말라고 진지하게 이야기할 것이다.

글쓰기 사례 2)

내가 상처를 받았던 적은 친구들과 피구 했을 때다. 친구들이 내가 아무리 공을 달라고 해도 공을 주지 않고 내가 처음 공을 잡았을 때 빨리 공을 잘 던지는 친구에게 공을 넘기라고 하였다. 그래서 나는 공을 끝까지 던져보지 못한 적이 있는데 그게 너무 속상했다. 그때로 다시 돌아갈 수 있다면 잘하는 아이에게 공을 넘기라는 친구에게 "나는 공을 던져 본 적이 없어서 내가 던지고 싶어"라고 이야기한 뒤 공을 넘기지 않을 것이다.

내가 상처를 주었던 적은 친구들과 다 같이 놀 때 가위바위보로 술래를 정하는데 한 친구가 이겨서 진 친구들끼리 가위바위보를 하려는데 이긴 친구가 같이 해서 순간 "가위바위보 하지 마!"라고 말했는데 친구가 같이 놀기 싫다고 알아들어서 친구에게 상처를 준 적이 있다. 그때로 돌아갈 수 있다면 나는 친구에게 친구가 오해하지 않게 말하였을 것 같다.

글로 작성한 뒤에는 친구의 실명을 이야기하며 폭로 및 고발의 장이 되지 않도록 익명으로 발표한다. 내가 친구에게 혹은 가족 등에게 상처를 줬던 경험과 상처를 받았던 경험을 나누며 교사는 이를 언어 폭력, 신체 폭력, 사이버 폭력, 따돌림 등으로 분류하여 개념을 다진다.

질문-반응. 나를 되돌아보기

나의 언어 습관과 행동을 되돌아보는 시간을 가진다. 붙임종이의 앞면에는 나의 언어와 행동에 있어 아쉬운 점이나 고쳐야 할 점과 같은 개선 사항을 적고 뒷면에는 앞으로 변화할 모습을 담은 다짐이나 해결 방안을 작성한다. 만약 문제가 없다고 이야기하는 아이가 있다면 아이들의 눈높이에 맞는 예시를 먼저 들어 주는 것이 좋다.

예를 들어 교사는 "선생님은 성격이 급해서 말과 행동을 빨리빨리 하는 경향이 있는데, 그래서 항상 주변에서 가장 늦은 사람에게 기준을 맞추려고 해. 빨리 끝내거나 넘어가고 싶을 때도 시간이 더 필요한 사람은 없는지 이해가 안 된 사람은 없는지 항상 물어봐. 모든 사람은 완벽할 수 없고 각자 개선하면 더 좋은 부분이 있을 거야. 만약 그래도 생각이 나지 않는다면 반대로 나의 좋은 점은 무엇이고 어떻게 하면 이것을 유지하고 발전시킬 수 있는지 생각해서 작성해 보자."라고 먼저 자신의 이야기를 한다. 이후에는 주변 어른들이나 또래 친구들의 예시를 먼저 몇 가지 같이 나누어본다. 그래도 개선점을 찾지 못하는 학생은 장점을 극대화할 수 있도록 안내를 해준다. 하지만 대부분의 아이들은 자신의 개선점을 찾아 작성한다.

작성을 마친 뒤에는 또래상담을 시작하는데 짝을 정하는 간단하지만 재미있는 방법이 있다. 교사는 붙임종이 한 부분에 비밀 암호를 적는다. 두 명의 친구가 짝을 이룰 때 한 암호를 두 장씩 적으면 되고 짝을 여러 명이 이룰 경우는 그 수에 맞게 같은 암호를 붙임종이에 적으면 된다. 예를 들어 '하, 리, 보, 최, 고, 사, 랑, 해, 요, 4, 11, ♡'를 두 세트의 붙임종이에 적어서 준비한다. '하'라고 적힌 붙임종이를 받은 친구는 또 다른 '하'가 적힌 붙임종이를 가진 친구와 만나 서로 또래 상담을 해주는 것이다.

자신의 아쉬운 점과 개선 방안을 적은 붙임종이를 다 완성하기 전까지는 짝꿍이 누구인지 알 수 없으므로 아이들은 기대와 설렘을 가지고 활동을 진행한다. 그 외 기존의 자리 짝꿍과 함께 이야기를 나누는 법, 친한 친구와 하는 법, 교사가 정해주는 사람과 하는 법, 원하는 사람과 하는 법 등 짝을 정하는 방법은 다양하다. 큐앤알학습을 할 때 최대한 다양한 학생들과 무작위로 이야기를 많이 나누어보는 것이 여러 생각을 듣고 나눌 수 있어서 좋다. 하지만 상담의 경우 속 깊은 이야기를 나눠야 하고 평소 상대방의 특성에 대해 파악한 친구를 만나 이야기를 나누는 것도 좋으므로 위와 같이 무작위 형식이 아닌 아이들의 요구를 파악해서 짝을 정하는 것도 괜찮다.

또래 상담을 할 때는 고민 파악을 하기 위한 질문을 충분히 하고 최대한 친구의 이야기에 공감하며 비난하지 않도록 주의 사항을 이야기한다. 또한 질문을 활용한 대화를 통해 더 나은 해결 방법을 찾을 수 있도록 한다.

학생 1: 나는 친구가 말하는데 끝까지 듣지 않고 중간에 끼어드는 버릇이 있어.
학생 2: 네가 끝까지 듣지 못 하고 중간에 끼어드는 이유가 무엇 때문이라고 생각해?
학생 1: 내 관심사거나 내가 해본 일이거나 내가 알고 있는 거면 그냥 내 이야기를 많이 하고 싶어서 그런 것 같아.
학생 2: 그럼 친구도 자기 이야기를 하고 싶지 않을까?
학생 1: 맞아. 그래서 '친구들이 나랑 이야기하기 싫어하면 어쩌지?' 하는 고민도 해봤어.
학생 2: 나도 내 얘기를 많이 하고 싶어서 너의 마음 이해해. 그럼 너는 어떻게 변화하고 싶어?
학생 1: 친구 말이 다 끝나고 나면 내 이야기를 하고 친구가 말할 때 끝까지 들어 줘야겠다고 생각했어.
학생 2: "하고 싶은 말 다 끝났으면 내 이야기해도 돼?"라고 질문한 다음 대화를 시작하면 좋을 것 같아.

정리-반응. 학교 폭력 NO 캠페인

학교폭력에 대한 자기 경험과 친구들의 경험을 나눈 뒤에는 같은 문제를 반복하지 않고 이를 예방하기 위해 캠페인 준비를 시작한다. 교사가 주도적으로 아이들과 계획을 세우는 것이 아니라 학생 주도적으로 질문을 통해 논의하며 캠페인을 준비하도록 한다. 논의할 내용은 홍보 방법, 홍보 시기, 홍보 장소, 홍보 내용 등이 있다.

학생 1: 홍보는 어떻게 할까?
학생 2: 학교폭력예방 캠페인 노래를 만들어서 부르면 어떨까?
학생 3: 포스터를 그리는 건 어때?
학생 4: 영상을 제작해도 재밌을 것 같아.
학생 5: 우리가 하고 싶은 말을 담아서 홍보지로 만들어도 좋겠다.

아이들이 질문에 대해 논의한 대로 캠페인을 준비할 수 있도록 교사는 지원하며 아이들은 주도적으로 팀을 나누어 캠페인을 진행한다. 같은 내용에 대해 캠페인을 진행하더라도 반응하기 결과물이 다를 수 있으므로 최대한 원하는 활동에 참여할 수 있도록 한다. 아이들과 논의하며 학교폭력의 종류와 위험성, 피해사례, 피해자의 감정 등을 넣어 캠페인 자료를 만들고 홍보하는 과정을 가진다.

노래를 만들어 부르는 팀은 학교폭력의 위험성과 우정의 중요성을 담은 노래 가사를 만들어 짓고 연습한다. 포스터를 만드는 팀은 적절한 그림과 표어를 넣어 포스터를 제작하고 학교에서 학생들의 통행량이 많은 곳에 부착한 뒤 자체 수거한다. 영상을 제작하는 UCC 팀은 학교폭력예방 메시지를 전달할 수 있는 대본을 쓰고 어울리는 몸짓과 표정을 연습하여 연기한다. 그리고 학교에서 영상 촬영을 하고 편집하여 제출한다. 홍보지를 만드는 팀은 간단하지만 강력한 메시지 그리고 캠페인을 홍보할 수 있는 문구를 넣어 제작하고 등하교 시간과 점심시간, 쉬는 시간 등을 활용하여 친구들에게 나누어 준다. 홍보 시기는 홍보 방식에 따라서 달라질 수 있는데 아이들이 통행량이 많은 장소와 시간을 선정하여 진행하되 질서와 예절을 지켜 안전사고가 일어나지 않도록 유의한다. 그리고 다 함께 선서 등을 통해 다양한 반응하기 방법으로 학교폭력 이별 선언을 하며 캠페인을 마무리한다.

제6장 큐앤알로 풀어가는 명화 감상 수업[1)]

■ 우리 삶을 풍요롭게 해 주는 그림 읽기

살아가면서 좋은 예술 작품을 접하고, 작품에 취하고, 맛을 느낄 때 우리 삶은 한층 더 아름답고 풍요로워질 것이다. 이런 작품을 보는 눈은 어른이 되면 스스로 길러지는 것일까? 아닐 것이다. 부르디외(P. Bourdieu)는 계층이동의 요인으로 문화자본을 우선시했는데 음악을 즐기는 능력, 미술작품을 즐기는 능력 등 문화적 자본은 어릴 때부터 길러져야 한다고 하였다. 이는 오늘날 학교 교육에서 중요시되고 있는 문화예술교육과 맥을 같이한다고 할 수 있다. 지속적으로 높은 예술적 환경을 접한 아이들과 그렇지 못한 아이들 간에는 문화적 차이가 날 수밖에 없으며 문화예술에 대한 안목은 성인이 되고 나서는 길러지기 어렵다고 한다. 그러므로 학교 교육에서 많은 미술 작품을 감상하고 작품을 보는 눈을 길러주는 것은 이후에 있을 문화적 불평등을 해소시켜 줄 수 있는 매우 중요한 학습이다.

2022 개정 미술과 교육과정에서는 감상 교육에 대한 부분을 강조하

1) 이 내용은 〈수업을 Q&E하다〉에 수록된 내용을 재구성하고 수정 보완한 것이다.

고 있다. 학교에서 문화적 소양을 길러주지 않으면 가정 등에서 시작된 문화감수성의 불평등은 성인이 되어서도 지속되며 이는 사회적 불평등으로 이어져 심각한 결과를 초래하는 요인이 된다. 감상 교육의 궁극적 목표는 미술적 의사소통 능력을 기르는 것이다. 감상수업은 작품이나 그림을 보고 자신의 생각을 이야기하고, 또 다른 사람의 의견도 들어보고 공감하는 등 작품을 통하여 의사소통을 시도해 보는 것이다.

그러므로 질문을 만들어 서로 묻고 설명해 보는 큐앤알학습 방법은 미술 감상 수업에 매우 적절하며 유용하다. 감상 수업은 다양한 예술 작품을 통해서 미술 작품의 가치를 알고, 시각적 문해력을 길러 향후 자신의 생활 속에서 예술 문화를 즐길 수 있는 격조 높은 삶을 살 수 있게 한다. 감상을 통해서 살펴보게 되는 주제, 표현 방법, 재료 등은 아동의 표현 욕구를 증가시키는 훌륭한 자극제 역할을 한다. 나아가 감상을 통해서 얻은 느낌과 생각을 자신의 작품에 창의적으로 표현할 수 있게 한다.

아래와 같이 큐앤알학습으로 감상수업의 예를 들어보자.

■ 큐앤알학습으로 마르크 샤갈(Marc Chagall)[2] '나와 마을' 감상하기

이 수업의 목표는 미술 작품을 통해서 타 문화에 대한 긍정적인

2) 마르크 샤갈(1887~1985)은 러시아 비텝스크(Vitebsk)라는 시골의 유태인 집안에서 출생하였다. 파블로 피카소와 함께 20세기 최고의 화가로 불린다(이민영, 2011: 강미화, 2011: 브리태니커대백과, 2010).

수용과 비평 능력을 높이는 것이다. 이 목표에 부합되고 예술적으로도 뛰어난 작품이 마르크 샤갈의 '나와 마을'이다. 마르크 샤갈은 초현실주의 작품의 대표 작가이다. 이 작품은 현실세계가 아닌 꿈의 세계를 작가의 상상력을 동원해서 그린 작품으로서, 학생들의 예술에 대한 이해도를 높일 수 있고, 작품을 통해 그 시대의 문화와 생활을 유추해 볼 수 있다고 판단된다. 그러므로 보는 사람의 관점에 따라 다양한 생각이 나올 수 있고, 미술 작품에 대한 편견과 고정관념에 대해서 다시 생각해 보는 기회를 가질 수 있다.

초현실주의의 대표적 작품인 '나와 마을'은 '무의식의 세계를 표현'한 작품으로 '꿈', '환상' 등으로 표현되며 객관적인 증명이 어려운 작품이다. 그러므로 개인의 관점에 따라 해석이 달라질 수 있으며, 학생들의 고정관념과 편견을 감소시키는 데 유용하다고 생각한다.

감상영역 성취기준은 '미술 작품에 대한 자신의 느낌과 생각을 발표하고 그 이유를 설명할 수 있다'이다. 배움 목표는 '작품 감상을 통하여 의사소통 능력을 기른다', '작품에 대한 서로의 느낌과 생각을 존중한다'이다.

수업의 단계는 탐색－반응, 질문－반응, 정리－반응 단계로 구성된다. 탐색－반응에서는 그동안 경험했던 작품과 문화에 대해 자유롭게 생각을 말해 보게 한다. 질문－반응에서는 중점적으로 학습해야 할 조형 요소들과 비판적 사고를 위한 질문이 포함되어야 한다. 학생 스스로 질문을 만들고, 서로 설명하는 과정에서 미술적 의사소통능력과 수용성을 기른다. 정리－반응에서는 이번 시간 내용을 되돌아보고 자신만의 언어로 정리하여 친구들에게 설명함으로써 메타인지를 활성화시키는 메타 감상을 하면서 마무리한다.

이 수업을 위해서 초현실주의 작품이나 명화 작품집 등을 준비하여야 하는데 작품은 원작품의 색채와 가장 가깝게 인쇄된 것으로 하고, 가능하면 크기가 큰 것을 준비하는 것이 좋다. 특히 샤갈의 '나와 마을' 작품은 원판에 가까운 화질로 인쇄된 것으로 골라야 한다. 교실에 있는 대형 프로젝트 텔레비전에 화질이 좋은 작품을 띄워 놓고 수업을 진행하는 것이 좋다.

> 이 그림은 화가 샤갈이 그린 〈나와 마을, 1911년, 유채, 192.2×151.6 cm〉이라는 작품입니다. 이 그림은 어떤 특징이 있나요? 화가는 왜 이런 그림을 그렸을지 생각해 보며 다 함께 샤갈의 작품 세계를 여행해 볼까요?
>
> (작가 소개)
>
> 마르크 샤갈(1887~1985)은 러시아 비텝스크(Vitebsk)라는 시골의 한 유태인 집안에서 출생하였다. 샤갈은 가난한 농민의 집안에서 자랐다. 고향을 떠나 파리에서 생활하면서 늘 고향을 그리워하여 고향의 풍습이나 어릴 적 고향 풍경을 많이 그렸다. 특히 그의 그림은 대담하고 강렬한 색상들을 사용하였으며 실제의 모습과 똑같이 그리는 데서 벗어나 환상적이면서 자유롭게 형태를 그렸다. 그래서 샤갈의 작품은 다른 화가들과 구별되는 독특한 특징이 잘 나타나 있다.

탐색-반응: 수업을 어떻게 열어 갈까?

〈표〉 탐색-반응

학습 단계	학습과정	교수·학습 활동	자료 및 유의점
탐색 - 반응	• 동기유발	• 평소 미술관이나 전시회, 혹은 신문, 책 등을 통해 미술 작품을 본 느낌을 이야기해 볼까요? – 평소에 부모님과 갔던 미술관이나 전시회, 그림책을 통해 본 그림에 대해 자유롭게 이야기하기 • 인터넷 미술관 초현실주의 미술 작품 보여주기. • 어떤 느낌이 드나요?	• 초현실주의 작가 작품들 • 그림을 보는 다양한 관점과 다양한 문화에 대해 생각해 보게 한다.
	• 학습문제 확인	**마르크 샤갈의 '나와 마을' 그림을 감상해 봅시다.** • 그림을 처음 본 느낌을 말해 볼까요?	• '나와 마을' 작품 제시
	(감수)	**이상하다. 좋아요. 그냥 좋아요. 싫어요. 편안해요. 재미있어요. 등.** • 이 작품에 어떤 이야기가 숨어 있을 것 같나요? • 이 작품은 전체적으로 무엇을 표현한 작품일까요? – 사람과 말이 있고 농부도 보이고 집들도 보이는데 실제로 있는 풍경은 아닌 것 같아요. • 어떤 것들이 보이는가? 전부 말해 보세요. – 말, 사람, 농부, 여자, 농사짓는 기구, 집, 나무, 소 젖 짜는 여자, 목걸이, 거꾸로 선 여자 등.	친구들의 다양한 느낌을 있는 그대로 수용하기

탐색 단계에서는 학생들의 비판적 사고와 다양한 문화에 대한 관심과 흥미를 유발시키기 위해 인터넷 미술관을 통해서 초현실주의 작품에 대해 보여주고 느낌을 물어보도록 한다. 초현실주의에 대한 미술 사조와 작품 세계에 대한 설명도 해 주도록 하고, 오늘 수업은 초현실주의 작가인 마르크 샤갈의 작품 '나와 마을'에 대해 감상한다고 공부할 문제를 제시해 준다. 감수 과정은 가장 먼저 직관적으로 감상을 다루는 과정으로 처음 그림을 본 직관적 감상이 중요하다. 교사는 학생들의 직관적 감상을 이끌어 내기 위해 작품을 처음 본 느낌과, 전체적으로 무엇을 그린 그림인지, 그림에서 보이는 것들을 전부 다 말하게 한다. 그리고 그림에 대한 이야기를 꾸며 보게 하는 것도 좋다.

질문-반응: 그림을 읽는 과정은 어떻게 진행될까?

질문-반응에는 분석 과정, 질문을 만들고 서로 설명하기, 작품에 대해 그룹 토의하기 등이 해당된다.

분석 과정은 미술교과 목표에 해당하는 과정이다. 미술 작품이 가지고 있는 고유의 조형요소와 조형원리를 찾아보게 함으로써 미술 작품을 볼 수 있는 안목을 키워준다. 각 요소별 분석을 통하여 작품의 전체적인 상황과 세부적인 면을 잘 관찰하여 작품의 흐름을 파악하는 실제 수업 과정은 다음과 같다.

〈표〉 질문-반응(분석)

학습 과정	교수 · 학습 활동	자료 및 유의점
질문 - 반응 (분석)	• 그림에서 보이는 색깔을 모두 찾아볼까요? 이 색들의 특징이나 느낌을 말해 보세요. − 빨강, 녹색, 파랑, 주황, 노랑, 보라, 분홍, 연두, 검정, 흰색, 고동, 회색, 진한 고동, 짙은 녹색, 연보라 등 − 색이 실제 색과 다르다. 빨간색 계통을 주로 사용했다. • 이 그림에서 원근감은 어떻게 표현했나요? − 제일 뒤에 있는 집은 검은색을 사용하여 뒤로 물러나 보인다. − 집인데도 작게 표현하여 원근감을 강조했다. • 가장 많이 사용된 색은 무엇인가요? − 빨강과 초록색을 많이 사용했다. • '보색'이란 색상환에서 서로 마주 보는 색으로 반대되는 색을 말합니다. 위의 작품에서 보색을 찾아보고 어떤 느낌인지 말해 보세요. − 그림이 강해 보여요. 눈에 잘 띄어요. 등. 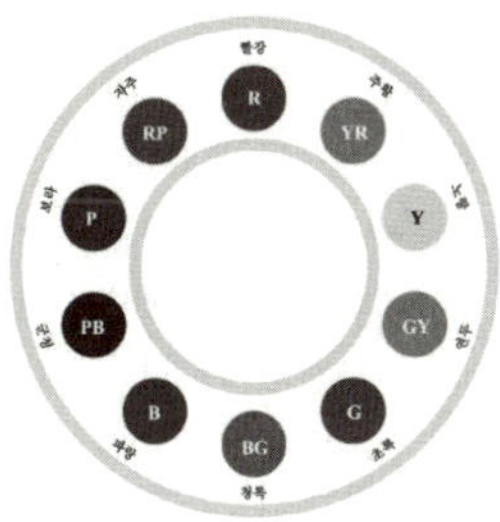 • 이 작품에서 공간은 어떻게 표현되어 있나요? − 원근법과 진출색과 후퇴색, 물건의 크기 등으로 표현 • 이 작품에는 어떤 선들이 보이나요? − 사선. 작품 중앙의 둥근 선. 등 • 그 선들은 화면에서 어떤 역할을 하고 있나요?	조형요소와 조형원리 그림 자세히 분석하여 읽기

샤갈의 작품 '나와 마을'은 색채와 명암, 공간감과 선들을 공부하기에 좋은 작품이다. 교사는 조형요소와 조형원리를 중심으로 학생들에

게 최대한 자세하게 분석하여 그림을 단순히 '보는 것'이 아니라 '자세히 읽는' 방법을 가르친다. 특히 이 작품은 색채를 공부하기에 좋은 작품으로 전체적으로 붉은색과 녹색이 대비를 이루고 있어 보색과 대비에 대해서 직접적으로 보여주는 작품이다. 또한 멀리 보이는 집들을 작게 표현하고 앞의 동물과 사람은 크게 강조하여 표현함으로써 원근감에 대해서도 쉽게 공부할 수 있다. 교사는 작품에서 각각의 조형요소들이 전체적으로 어떻게 유기적인 관계를 맺고 있는지 잘 살펴보도록 유도한다.

해석 과정의 교수-학습 방법은 대화 중심의 감상 방법이 유용하다. 대화 중심의 감상 방법은 작품을 제시하고 그 작품을 보면서 대화를 통하여 학생들의 사고를 이끌어 내는 방법이다. 수업의 실제는 다음과 같다.

〈표〉 질문-반응(해석)

학습 과정	교수 · 학습 활동	자료 및 유의점
질문 - 반응 (해석)	질문 만들고 질문 나누기 • 이 작품을 자세히 살펴보았는데 궁금한 것, 더 알고 싶은 것 등에 대해 질문을 만들어 보세요. • 만든 질문에 대해 서로 묻고 설명하기 - 짝에게 질문하고 설명 듣기 - 모둠끼리 질문하고 설명 듣기 - 전체적으로 질문하고 설명 듣기 (질문예시) 그림에 나타난 계절과 시간은 언제인가요? - 봄, 여름, 가을, 겨울. - 농부가 곡괭이를 메고 가고 있고 밭을 갈러 가기 때문에 봄이다. - 색이 전체적으로 붉기 때문에 가을이다.	• 학생 개별 워크 질문 만들기 - 2~5개 정도의 질문을 만들기를 권장한다. • 학생 개개인의 환경과 느낌을 존중하고 모두 다 인정하지만 그렇게 생각한 이유를 분명히 말하게 한다.

학습 과정	교수 · 학습 활동	자료 및 유의점
	- 아침 낮 저녁 밤. 집 뒤에 보이는 하늘이 어둡기 때문에 밤인 것 같다. - 어떤 여자가 소젖을 짜기 때문에 저녁인 것 같다.	• 문화
	• 이 그림에서 사람들은 어떤 일을 주로 했을까요? - 소젖을 짜는 모습이 보이고 말도 있으니 농촌이다.	• 민족
	• 왜 집과 사람이 거꾸로 서 있나요? - 지붕이 뾰족하고 세모로 되어있고 창문이 많다. 우리나라 조선시대에는 초가집과 기와집인데 모양이 달라서 다른 나라 건축 문화를 알 수 있다.	
	• 그림에 있는 말과 사람은 어떤 사이일까요? - 사랑하는 사이 같다. 왜냐하면 ~~~ - 친구 사이다. 모르는 사람이다. 왜냐하면… • 사람 얼굴이 왜 녹색으로 그려져 있나요? **두 주인공을 강조하려고 일부러 붉은색과 청록색을 쓴 것 같다.**	그림 감상은 정답이 없다. 같은 그림을 보고 나와 다른 의견을 수용하고 공감하는 능력을 기르는 것이 중요하다.
	• 그림을 그릴 때 실물과 똑같이 그리는 것만 좋은 그림일까요? - 실물과 똑같이 그리지 않아도 된다. - 내가 창의적으로 표현하는 것이 중요하다 등 • 두 사람은 무엇을 하고 있을까요?	
	- 그냥 서로 바라보고 있다. 이야기를 하고 있는 것 같다. 말은 여자(사람) 같은 느낌이 들고 눈이 웃고 있는 것 같다. 등	• 다양성
	• 나와 생각이 다른 건 틀린 건가요?(교사 질문) - 다른 건 틀린 거 아니라 사람마다 생각이 다를 수 있다고 생각해요. • 나와 생각이 다를 때는 어떻게 해야 할까요?(교사 질문) - 서로 인정하고 존중해야 합니다. • 작가는 왜 이 그림을 그렸을까요? - 작가 자신을 표현한 것 같다. 왜냐하면 작가는	• 수용성

학습 과정	교수 · 학습 활동	자료 및 유의점
	유태인으로 프랑스에 사는 것이 힘들고 외로웠기 때문일 것이다. – 떠나온 고향 마을이 그리웠을 것이다. 농촌 풍경을 사랑했을 것이다. 그냥 꿈을 꾼 것을 표현했을 것이다. 파리에서 이방인으로 살아서 외로움을 표현했을 것이다 등. • 전체적으로 해결되지 않은 질문 선생님께 하기	

위의 〈표〉에서처럼 질문을 만들고 나누는 과정에서는 다양한 문화를 이해하고 학생들이 가지고 있는 고정관념과 편견에 대해 생각해 보게 하는 비판적 질문이 중요하다. 예를 들면 '동물과 사람도 서로 대화하고 사랑할 수 있다고 생각하나요?', '나와 생김새와 피부색이 다른 사람도 받아들이고 사랑하는 것이 이상한가요?', '나와 생각이 다를 때는 어떻게 해야 하나요?', '이 그림은 우리가 생각하는 사실적인 작품과 어떻게 다른가요?', '작가는 왜 그렇게 표현했을까요?' 등의 질문을 통해 학생들이 가진 편견을 감소시킬 수 있을 것이다. 이 작품은 무의식과 꿈의 세계를 표현한 초현실주의 작품이므로 우리가 알고 있는 일반적인 작품과 보는 방법을 달리해야 한다. 작가가 이 작품을 통해 말하려고 했던 것이 무엇인지 유추해 보게 한다. 학생마다 보는 관점이 다르고 해석을 달리할 수 있으므로 다른 사람들의 생각을 존중하고 작품을 보는 것에 다양한 관점이 있음을 알게 한다.

이 수업을 진행한 3학년 학생들은 다음과 같은 훌륭한 질문들을 만들어 냈다.

- 표현 방법은?
- 염소를 왜 아주 크게 그렸을까요?
- 왜 염소 안에 작은 염소와 사람들이 있을까요?
- 샤갈의 얼굴은 왜 녹색일까요?
- 왜 샤갈은 원, 삼각형, 사각형을 사용했을까요?
- 왜 샤갈은 땅이 붉은색일까요?
- 왜 색을 알록달록하게 사용했나요?
- 그림 속 사람의 감정은 무엇인가요?
- 왜 거꾸로 된 집과 사람이 있을까요?
- 사람 얼굴과 말이 크게 그려져 있나요?

이렇게 만든 질문을 친구들과 서로 물어보고 의견을 나누면서 공감 능력을 기를 수 있다. 공감 능력은 상대방을 존중하고 배려하는 인성으로 연결되며 이를 통해 친구와 소통하는 능력 또한 자연스럽게 길러진다. 그림 감상의 궁극적인 목표가 의사소통능력이다. 그림에 대해 궁금한 점을 물어보면서 그림을 통한 의사소통 능력이 향상되고 그림을 보는 안목이 자연스럽게 길러지게 된다.

정리-반응: 그림을 감상하고 난 후의 다양한 반응 정리하기

학생들은 오늘 감상 수업에 대해 알게 된 것을 각자 나름대로 정리하였다. 학생들이 알게 된 점이나 느낀 점을 글이나 그림으로 정리하는 것은 논리력을 길러 주고 그날 학습한 것을 장기기억으로 저장하게 해 준다.

〈표〉 정리-반응

학습 과정	교수 · 학습 활동	자료 및 유의점
정리 - 반응	• 구조화 시각화하여 정리하기 - 오늘 배운 것을 각자 나름의 방법대로 공책에 정리해 보세요. • 정리한 것을 짝이나 모둠에게 말로 설명해 보세요. - 내가 궁금하게 생각한 것을 질문으로 만들어 친구에게 물어보니 내 생각과 친구 생각이 같아서 놀랐다. 미술 작품은 자세히 분석해서 볼 수 있는 방법을 배울 수 있었다. 미술 작품을 통해 다른 나라 문화와 풍습 등에 대해 알 수 있었다. 그림 속에 나타난 생활 모습을 보고 우리나라와 다른 점과 같은 점을 알게 되었다. 문화의 다양성과 다양한 방법으로 감상할 수 있는 방법을 알게 되었다. 작품 속에는 작가의 정신과 혼이 있다는 것을 알았다. - 감상 과정을 전반적으로 되돌아보기 - 다양한 방법으로 반응하기	친구들의 다양한 느낌을 있는 그대로 수용하기

다음은 학생들이 정리한 공책 예시이다.

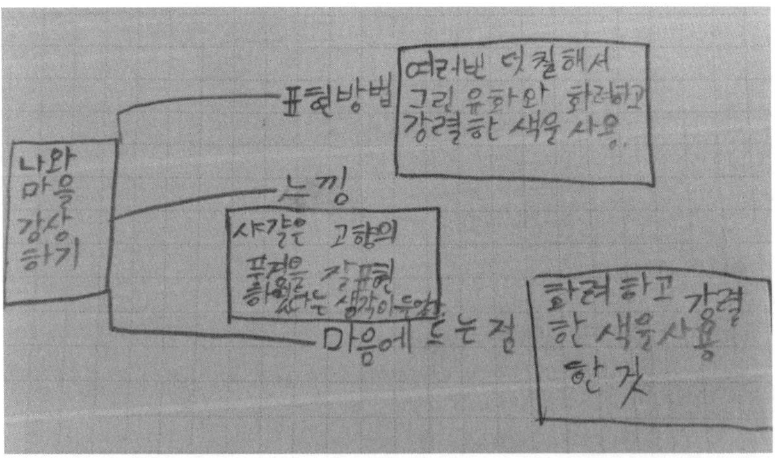

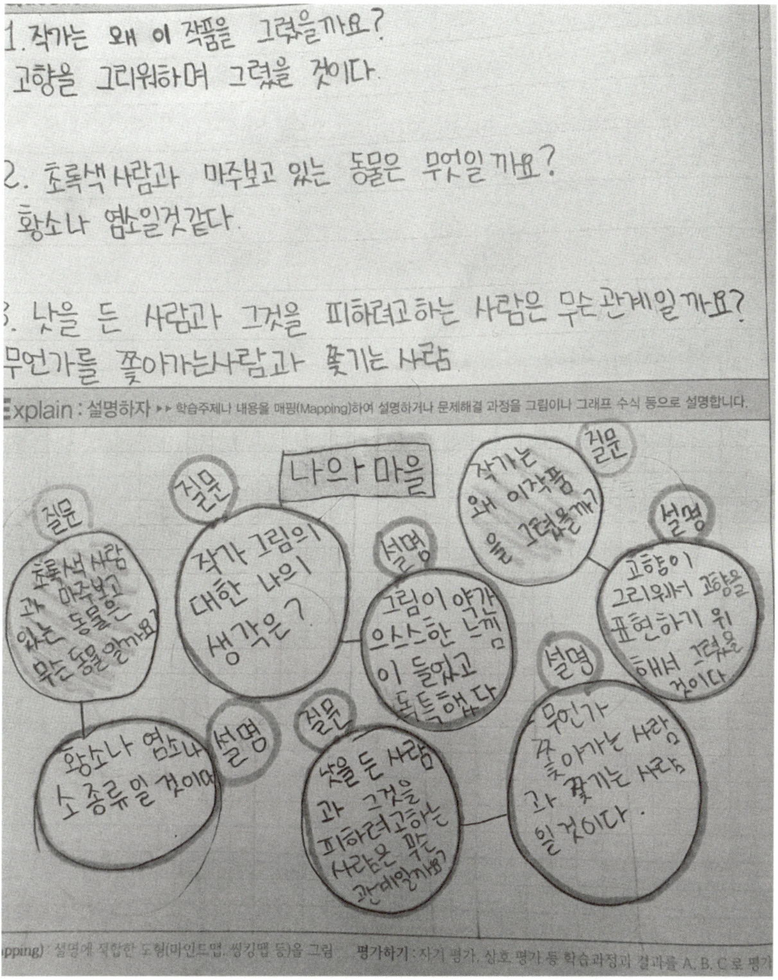

이렇게 정리한 것을 짝에게 말로 설명해 주면 수업은 마무리된다. 이번 수업을 통해서 느낀 점과 알게 된 점 등을 다른 사람에게 말로 설명함으로써 메타 인지를 활성화시킨다. 학습이 장기기억으로 저장되는 제일 효율적인 방법이 설명하기이다. 설명하기를 통해 메타 인지가 활성화되면서 장기기억에 저장된다. 이런 감상 수업을 통해 길러진 그림을 보는 눈은 향후 삶에서 문화자본으로 축적되어 질 높은 삶을 살게 할 것이다. 더불어 이번 샤갈의 작품 감상을 통해서 타 문화에 대한 수용과 편견 감소로 이어져 21세기에 필요한 다문화 역량도 같이 길러질 것이다.

■ 과정 중심 평가

과정 중심 평가는 학생들의 학습 활동지, 자기 보고서와 학생들의 토론과 수업참여도, 교사 참여관찰 등으로 할 수 있다. 이 외에도 자기 평가와 학생 상호 간 동료평가 등도 이용할 수 있다. 평가척도는 상·중·하로 표시했으나 학생들에게는 평가척도와 함께 서술식 평가도 병행하여 학부모들과 학생들이 학습발달 과정을 볼 수 있어야 한다.

〈표〉 평가 영역과 성취기준

구분 / 목표	성취기준	평가 방법	평가척도		
			상	중	하
교과 목표	• 초현실주의 작품에 대해 느낌과 생각을 말할 수 있다.	• 학습 활동지, 자기 보고서, 교사 참여관찰			
교과 목표	• 작품에 대한 서로의 느낌과 생각을 존중한다.	• 학습 활동지, 자기 보고서, 교사 참여 관찰			
	• 교사 서술식 평가 기록				

■ 명화 감상 심화 학습

그림 감상에 대한 더 깊이 있는 메타 감상을 위해서 따로 시간을 내어 토론을 시켜보는 것도 좋다. 토론 과정은 작품에 대해 판단하는 과정이다. 작품에 대해 서로 좋고 싫음, 혹은 감동적인가? 등에 관해서 그룹별로 토론을 진행하도록 한다. 모둠 토의나 대화를 통해 교사와 학생 간, 학생과 학생 간에 의견을 교환할 수 있는 상호 허용적인 교실 분위기를 강조한다. 교사는 학생들이 다른 사람들을 무시하지 않고 자신과 다른 사람들과 잘 어울리고, 다양성을 받아들이며, 대화하는 것을 돕는 안내자의 역할을 해야 한다. 토론법은 비판적 사고능력과 의사소통능력을 기르는 데 유용하다.

〈표〉 토론 과정

학습 과정	교수·학습 활동	자료 및 유의점
명화 감상 토론	• 이 작품이 마음에 듭니까? 이유는 무엇입니까? – 마음에 들어요. 그냥 이유 없이 맘에 들어요. 편안한 느낌이 들어요. – 이 작품을 전체적으로 천천히 감상하고 나니 이 작품이 좋아진다. 평화로운 시골 풍경이 느껴지기 때문이다. – 난 이 작품이 맘에 든다. 왜냐하면 내가 좋아하는 빨강과 녹색이 많이 쓰였기 때문이다. • 이 작품이 마음에 들지 않습니까? 왜? – 난 이 작품이 별로다. 말과 사람이 서로 쳐다보고 있는 것이 이상하고 사람 얼굴도 녹색이어서 이상한 느낌이 든다. 그렇지만 참 재미있는 그림이라고 생각한다. – 난 샤갈의 작품 세계가 맘에 들지 않고 좋지 않은	• 작품에 대해 비판적으로 사고하고 자신의 의견을 말할 수 있는가? • 다른 사람의 의견을 존중하고 배려하기

학습 과정	교수 · 학습 활동	자료 및 유의점
	그림인 것 같아요. 왜냐하면, 말이 동물인데 사람처럼 그려져 있어서 이상해요. 남자 얼굴이 녹색인 것도 맘에 들지 않아요. • 친구들과 생각이 다른 부분이 있다면 어떤 부분인가요? • 이 작품을 보고 불편함을 느낀 부분이 있다면 어떤 부분인가요?	• 작품 토론 학습지

위에서 보듯이 학생들은 작품을 보는 관점과 선호도가 다르다. 학급 내에서 모둠별 소그룹으로 나누어서 의견을 교환해 보는 것이 좋다. 학생 개개인의 의견을 존중하고 작품에 대한 충분한 의견을 교환하기 위해서 모둠은 4명에서 6명으로 구성하는 것이 적당하다. 학생들의 토론 과정을 다음과 같이 정리할 수 있다.

〈표〉 샤갈의 '나와 마을' 토론(예시)

관점 A: 작품이 마음에 든다.	관점 B: 작품이 마음에 들지 않는다.
• 왜냐하면 농촌의 여러 가지 풍경과 말과 사람들이 평화롭게 느껴지기 때문이다. 작가가 말과 사람을 크게 그려 마치 두 사람이 사랑에 빠진 것처럼 보인다. 이 작가는 동물을 사랑하는 사람인 것 같아 마음에 든다. • 초록과 붉은색 계통을 많이 사용하여 강하게 느껴지고 화려해서 마음에 든다. • 농촌 문화는 우리나라와 비슷해 보인다. 다양한 문화가 존재했음을 알 수 있을 것 같다.	• 이유는 농촌 풍경인지 사람과 말을 그렸는지 잘 나타나지 않기 때문이다. • 집이 거꾸로 되어있고 말과 사람이 지나치게 크게 그려 이상하게 느껴지기 때문이다. • 초록과 붉은색을 너무 많이 써서 싫다. 화면 구성이 실제와 다르게 되어 있어서 마음에 들지 않는다. • 이 그림이 그려진 시대적 배경을 알 수 있긴 하지만 그 시대적 문화에 대해선 잘 모르겠다. 더 깊이 공부해보아야 할 것 같다.

관점 A: 작품이 마음에 든다.	관점 B: 작품이 마음에 들지 않는다.
• 샤갈은 러시아에서 유태인 집안에서 태어났고 가난한 농민이라고 했는데 가난한 농민이 어떻게 화가가 되었는지 궁금하고 샤갈이 훌륭해 보인다. • 작가는 이 그림을 그리면서 우리에게 농촌의 평화로움과 농사의 소중함에 대해 알려 주려고 한 것 같다. • 내 친구 영희는 이 작품을 맘에 들지 않는다고 했는데 왜 그렇게 생각했는지 자세히 들어보고 나니까 영희 생각도 이해된다.	• 우리와 다른 나라 다른 민족들에 대해서도 생각해 보게 되었다. 다른 민족이지만 친근감도 느껴지고 낯설기도 하다. • 작가는 이 작품을 통해서 우리에게 무엇을 전달하려고 했는지 잘 모르겠고 그림이 어지럽다. 그렇지만 이 그림을 좋아하는 친구들의 생각이 다른 것을 인정하고 받아들이게 되었다.

메타 감상은 지금까지의 감상 과정을 되돌아보고 다시 감상해 봄으로써 자기 자신이 가지고 있던 편견과 고정관념 등에 대해 생각을 정리해 보는 과정이라고 할 수 있다. 토론 과정을 통해 학생들은 예술 작품을 보다 쉽게 이해하게 되고, 반성적 사고 과정을 기를 수 있다. 메타 감상은 문화의 다양성을 수용하고 타인의 삶의 방식과 나와 다른 관점을 인정하는 등 자신의 성찰을 통해 작품에 대해 재판단하는 과정이다.

〈표〉 생각 나누기-메타 감상

학습 과정	교수 · 학습 활동	자료 및 유의점
메타 감상	• 샤갈의 〈나와 마을〉 작품을 처음에 그냥 보았을 때와 지금처럼 자세히 분석하여 감상을 끝내고 난 후 자신의 달라진 느낌을 자세히 써 보세요. • 다른 문화에 대한 존중과 관용은 왜 필요한가요?	• 자기 보고서

학습 과정	교수 · 학습 활동	자료 및 유의점
	• 작품 감상 과정을 되돌아보고 생각이 바뀐 점이 있나요? • 우리가 살고 있는 세상에는 다양한 문화와 다양한 예술작품이 있어요. 다른 나라 예술작품에 대해 어떤 생각이 들었나요? • 자기 보고서는 자신의 감상 과정에 따라 변화가 나타날 수 있도록 기록하는 것이 중요합니다. – 샤갈의 작품을 다시 되돌아보고 내 생각이 변했어요. 왜냐하면 이 작품을 감상하고 나니 처음 볼 때와는 다르게 이 작품에서 평화가 느껴지기 때문입니다. 그리고 중앙에 크게 그린 말과 사람이 서로 사랑하는 사이 같아서 보기가 좋아요. 그리고 멀리 보이는 집과 농부도 참 평화로워 보이고 색들도 참 잘 쓴 것 같아서 샤갈은 아주 훌륭한 화가라고 생각이 들어요. 다른 문화나 다른 민족들도 우리와 사는 것이 다 비슷한 것 같아요. 등.	• 자신이 가지고 있던 편견과 고정관념에 대해 생각해 보고 변한 것을 기록하게 한다.

위에서 보듯이 메타 감상에서는 자신의 감상을 다시 되돌아보고 자신의 생각이 어떻게 변화되었는지 알아본다. 학생들은 토론을 통한 메타 감상 과정을 통해서 스스로 향상시킨 감상 안목을 가지고 자기 자신을 평가할 수 있다. 또한 자기보고서 작성을 통해서 고정관념과 편견이 어떻게 바뀌었는지 정리할 수 있다. 친구들의 생각을 들어보고 자신과 다른 관점도 이해할 수 있게 되며, 보는 관점을 달리하니 작품을 처음 보았을 때와 어떻게 달라졌는지도 알 수 있다. 교사는 학생들이 제출한 감상보고서를 보고 서술식으로 평가해 줄 수 있으며 이것이 바로 교수, 학습, 평가의 유기적이고 일관성 있는 학습으로의 평가 방법이다.

질문 수업이 어려운 당신에게

부록

큐앤알 수업 준비할 때 팁

■ 교과서 속 질문 만들기처럼 체계적으로 질문을 만들어야 하나요?

체계적으로 질문 만들기를 하지 않아도 됩니다. 큐앤알 수업에서 질문이란 호기심을 표현하는 도구이자 다른 사람과의 소통 도구입니다. 그렇기 때문에 기본적으로 질문의 형태만 만들 수 있어도 괜찮습니다. 아이들이 질문을 어렵게 생각하는 경우가 많기 때문에 질문 만들기는 자유롭게 풀어놓는 것이 좋습니다. 다만 아이들이 큐앤알학습에 익숙해져 질문 만드는 과정을 기계적으로 수행한다든지, 단답형의 답변만 서로 주고받는 경우가 생길 때에는 질문 만드는 방법을 확장할 필요가 있습니다.

■ 질문 만들기를 어려워하는 학생들은 어떻게 도와주어야 하나요?

질문하기를 시작하기 전 미리 질문을 만드는 방법을 연습해야 합니다. 여기에서 연습은 전달, 반복 형태보다는 놀이 형태로 시작하는 것이 좋습니다. 책을 한 문장 읽고 그 문장을 의문형으로 바꾸는 '까만 놀이', 친구와 서로 계속 질문하는 '까까 놀이' 등을 통해 우선 질문을 만드는 것을 즐거운 놀이로 시작합니다. 그리고 질문을 만드는 방법을 차시별로 조금씩 나누어 알려주고, 그것을 연습합니다. 이 연습은 해당 학년이나 아이들의 관심사에 대해 주제를 가지고 연습하는 것이 좋습니다. 예를 들어 축구를 좋아하는 아이에게는 축구선수 손흥민에게 묻고 싶은 질문을 써 보라고 할 수 있습니다. 질문을 만드는 방법은 앞서 2부에 있으니 다시 한번 읽고 직접 적용해보시길 바랍니다.

질문 만들기를 유독 어려워하는 아이들이 있습니다. 생각하고 싶지 않아 하는 마음도 있지만 나의 질문에 대한 자신감이 부족하여 거부하는 경우가 더 많습니다. 생각하는 것이 너무 어려운 아이에게는 교실에서 친구와 만나 1:1 질문 나누기를 할 때, 친구의 질문을 듣고, 마음에 드는 질문을 자신의 공책에 적도록 하였습니다. 잘 된 예시를 따라 쓰는 연습을 반복하면 질문을 만드는 형태를 배우게 되기 때문입니다. 자신감이 부족하여 어려워하는 아이의 경우 교사의 예시를 하나 말해주는 것도 좋습니다. 이와 비슷한 질문을 만들어 보도록 유도하여 한 개만이라도 질문을 만들도록 도와주고, 그 질문에 대해 칭찬을 아낌없이 하는 것입니다.

■ 1학년은 한글을 이제 배우는데, 큐앤알학습을 할 수 있나요?

큐앤알 수업은 한글을 모르는 어린 학생도 할 수 있습니다. 궁금한 질문을 말로 표현할 수 있고, 자신이 알게 된 내용을 말로 정리하여 말할 수 있기 때문에 충분히 할 수 있습니다. 하지만 1학년 및 유치원 학생들의 경우 글을 읽는 데 어려움이 있기 때문에 그림책을 활용하여 큐앤알학습을 시작하면 부담 없이 수업에 참여할 수 있습니다. 이때, 학생들은 그림책의 그림에 집중하여 책을 보도록 해야 하고,

교사가 낭독해 주는 것이 좋습니다. 그림책은 그림 안에 재미있는 요소들, 작가의 의도가 담긴 그림들이 있는데, 저학년 친구들은 이러한 것들을 정말 잘 찾아냅니다. 그리고 그 안에서 즐거움을 얻게 됩니다. 또한 '까만 놀이', '까까 놀이' 등의 놀이를 먼저 하면 훨씬 더 즐겁게 큐앤알학습을 시작할 수 있습니다.

■ 모든 수업에 적용할 수 있나요?

큐앤알 수업은 모든 수업에 적용할 수 있습니다. 정답이 정해져 있는 수학이나 과학 시간에도 적용할 수 있습니다. 교사는 수업에 앞서 오늘의 수업의 주제와 배움 목표를 설명합니다. 학생들에게 수업 자료나 교과서 내용을 읽어보고 궁금한 것을 질문으로 만들어보도록 안내합니다. 당연하게 답이 정해져 있는 수학 수업 내용이라고 해도 아이들이 궁금한 것은 많습니다. 본격적인 수업에 앞서 아이들이 어떤 궁금증을 가졌는지 확인해 보면 수업을 진행하는 교사의 입장에서도 도움이 됩니다. 아이들은 큐앤알 수업을 진행하면서 궁금했던 것들에 대한 답을 찾아갑니다. 수업이 마무리 되는 정리-반응 단계에서 오늘 학습한 내용을 나만의 말로 풀어서 설명해 보면 배운 내용을 오랫동안 기억할 수 있습니다.

큐앤알 수업은 〈탐색 반응-질문 반응-정리 반응〉의 3단계로 이루어져 있습니다. 이는 모든 수업에 적용 가능하며 학생 배움 중심의 수업을 만들어갈 수 있습니다. 특별히 큐앤알 수업이 빛을 발하는 수업은 아이들이 다양한 생각을 나누며 나만의 의미를 찾아가는 수업입니다. 그렇기 때문에 모든 과목에서 큐앤알 수업을 적용할 수 있습니다. 또한, 학교에서 이루어지는 다양한 창의적 체험활동 수업에도 큐앤알 수업을 적용하면 더욱더 의미 있는 배움을 만들어 나갈 수 있습니다.

■ 아이들의 모든 질문을 다 받아줘야 하나요?

상상력과 창의력을 발휘해서 질문을 만들 수 있는 허용적인 분위기를 만들어주는 것은 중요합니다. 초반에 학습 분위기를 형성하고 학생들의 흥미를 불러일으키는 것에 도움을 주기 때문입니다.

하지만 수업을 하면서 배움 목표에서 크게 벗어나지 않도록 가이드라인을 주는 것이 교사의 역할이며, 이것이 하브루타와 큐앤알학습의 차이점이기도 합니다. 하브루타는 끊임없이 질문하고 토론하며 주제에서 벗어나는 것을 허용하지만, 큐앤알학습은 질문으로 학생들의 생각을 확장시키고 자신의 언어로 설명함으로써 메타인지를 촉진하여 배움 목표에 더 확실하게 다가가는 것에 목표를 두고 있습니다.

그렇기 때문에 질문의 분류 과정이 필요합니다. 학생들끼리 질문을 주고받는 시간을 가진 뒤에 배움 목표에 부합하는 핵심 질문을 다시 한번 학생들과 나누어보는 시간을 가집니다. 이런 핵심 질문을 만든 학생을 칭찬하고 그 외에 배움 목표에 도달할 수 있는 다른 친구들의 질문을 소개하는 시간을 가지면 학생들에게 질문을 만드는 기준이 생깁니다.

무분별하게 학생들의 질문을 모두 받아줄 경우에는 수업 시간을 초과하게 되고 배움 목표에 도달하지 못할 수 있습니다. 따라서 유연하게 그 외의 질문들은 쉬는 시간에 묻도록 하거나, 개별과제로 제시하여 학생들이 민망하거나 기분이 상하지 않도록 하는 것이 좋습니다.

▪ 아이들이 배움 목표에 부합하는 핵심 질문을 다 만들 수 있나요?

처음에는 핵심 질문에 대한 부담감을 가지지 않도록 다양한 질문을 만들 수 있게 허용적이고 편안한 분위기를 조성해 주는 것이 좋습니다. 학생들이 핵심 질문을 만들기 어려워할 경우 교사가 먼저 예시를 들어주는 것이 좋은데 가장 좋은 방법은 배움 목표를 가지고 질문을 만드는 것입니다. 배움 목표를 가지고 질문을 만들면 핵심 질문에 근접하기 쉽습니다.

배움 목표가 '임진왜란 때 수군의 노력에 대해 알아보기'일 경우 핵심 단어인 '임진왜란'과 '수군'을 가지고 많은 질문을 만들 수 있습니다. '임진왜란은 언제 일어났을까?, 임진왜란은 왜 일어났을까?, 수군의 대표적인 인물은 누구일까?, 수군들의 전투는 어디서 몇 차례 있었을까?, 수군들의 전투가 승리를 거둔 이유는 무엇일까?' 등 교사가 예시를 한두 차례만 보여도 전 학년의 학생들이 쉽게 핵심 질문에 다가가서 배움 목표를 성취할 수 있습니다.

■ 가정에서 큐앤알 수업을 적용하려면 어떻게 하면 될까요?

가정에서 자녀와 편안하게 대화할 수 있는 분위기와 함께 이야기하는 시간을 미리 정해놓는 것이 좋습니다. 자녀의 질문에 대해 "함께 생각해 볼까?"라는 마음을 가지고 시작하는 것이 중요합니다. 아이들이 질문을 하기 어려운 큰 이유 중 하나는 '내 질문이 쓸데없다고 생각하지 않을까?' 하는 평가에 대한 두려움입니다. 처음 시작할 때는 부모님도 어색하고 자녀도 어색할 수 있습니다. 모든 질문에 대해 열린 마음으로 시작하는 분위기가 중요합니다. 자녀의 질문, 설명이 조금 미흡하더라도, 관심과 흥미를 느끼고 있다는 마음을 보여주세요.

자녀의 나이가 미취학 아동~저학년의 경우라면 평소에 읽는 그림책을 활용하여 시작하는 것을 추천합니다. 그림책을 볼 때는 그림에 집중해서 보고 한 장도 충분한 시간을 가지고 보도록 합니다. 하루에 그림책 1~2장으로도 끝날 수 있습니다. 책을 보는 것을 좋아하지 않는 아이라면, 일상생활의 한 장면으로 이야기를 시작할 수 있습니다. 자녀가 평소에 질문하는 것들을 가지고 이야기를 함께 나누는 것이죠. 예를 들어, 산책하다가 만난 강아지와 관련하여 질문을 시작할 수 있습니다. 길가에 핀 민들레로도 대화를 시작할 수 있습니다. 어떤 것이라도 질문을 시작해 보고 함께 생각을 나누는 그 시간을 한번 가져보는 것이 중요합니다.

자녀의 나이가 중~고학년이라면 자녀의 관심사가 무엇인지 관심을 가지시고 그것과 관련하여 함께 이야기를 나누는 것으로 시작하시는 방법을 추천해 드립니다. 어린이 잡지 분야도 굉장히 다양한데 자녀가 관심이 있는 분야의 잡지 1쪽에 관해 이야기를 나눌 수 있습니다. 그림을 좋아하는 자녀라면 그림 작품 한 작품을 보고 함께 이야기를 나눌 수 있고, 음악을 좋아하는 자녀라면 좋아하는 노래를 함께 듣고 이야기를 나눌 수 있습니다.

다만 크게 주의해야 할 것이 있습니다. 부모님들은 보통 아이의 질문에 최선을 다해 정답에 가까운 답을 주려고 노력할 것입니다. 그리고 그 지식을 아이가 습득해야만 한다고 생각할 것입니다. 그렇게 될 경우 아이는 부모의 설명을 가만히 듣고만 있게 되고 금세 집중력을 잃습니다. 당연히 부모님이 한 말 전체를 이해할 수 없습니다.

따라서 아이에게 성인인 부모님이 알고 있는 지식 전체를 전달하려고 하지 말고 아이가 알아들을 수 있는 범위에서만 간단하게 설명해 주어야 합니다. 또한 부모님의 설명은 아이가 절대적으로 익혀야 할 진리가 아니라 부모님의 생각임을 이야기해 주어야 합니다.

이어서 아이가 부모님의 말씀 중 이해한 것을 간단하게 되짚어 보고, 추가로 질문을 이어간다면 가정에서도 충분히 큐앤알 수업을 적용할 수 있습니다. 만일 아이가 추가 질문을 생각해 내지 못한다면 부모님이 아이가 흥미 있어 할 만한 질문을 추가로 해보는 것도 좋습니다.

■ 큐앤알 수업이 책에 대한 흥미를 불러일으키는 데 도움이 될까요?

이 질문에 대해서는 2가지 이야기를 하고 싶습니다. 첫 번째는, 책에 대한 흥미를 불러일으키는 데 도움이 될 수 있습니다. 책을 싫어하는 친구들에게 '책 읽기'는 조용히 책장을 한 장 한 장 넘겨서 책에 있는 글들을 그저 읽는 것입니다. 하지만 큐앤알을 통해 책을 읽는 것은 그와 다릅니다. 책 표지를 볼 때부터 '어떤 내용일까?', '왜 표지 색은 빨간색일까?'와 같은 다양한 질문을 나누게 됩니다. 책의 내용, 책의 그림을 읽으면서 친구들과 계속해서 질문을 이어나가며 대화합니다. 기발한 질문들이 나오기도 하고, 친구들과 그림책의 한 장면으로 10분 이상 이야기를 할 수 있습니다. 단순히 책을 읽는 것이 아니라, 계속해서 친구들과 소통하는 과정이기 때문에 한 권의 책을 읽고 나면 그것은 단순히 한 권의 책이 아니라, 친구들과 즐거운 이야기를 나눈 추억이 됩니다. 학급에서 소통의 도구가 되는 것이죠.

또한, 큐앤알 수업하기 위해서는 반드시 책이 필요한 것은 아닙니다. 큐앤알은 교과서, 그림책, 책, 신문, 미술 그림 한 점 등 무엇과도 연결 지어 할 수 있습니다. 큐앤알 수업은 한 가지의 주제(배움 목표)와 관련된 질문을 떠올리고 그 질문들에 대해 생각을 나누고, 내가 알게 된 것을 다양한 방법으로 표현하여 나의 것으로 만드는 일련의 과정이라고 생각합니다. 평소 아이가 그림에 관심이 있다면 그림 한 점을 가지고 큐앤알 수업을 할 수 있고, 노래를 좋아하는 아이라면 노래 한 곡을 가지고 큐앤알 수업을 할 수 있습니다.

■ 학습에 무기력을 겪는 아이나 소극적인 아이들도 큐앤알 수업을 좋아할까요?

큐앤알학습은 모든 아이가 좋아하는 수업입니다. 큐앤알 수업에서 아이들은 질문을 만들어 내고 자기 생각을 말로 설명합니다. 허용적인 분위기를 만들다 보면 자연스럽게 아이들의 생각이 깨어나게 됩니다. 아이들이 만든 질문에 아낌없이 칭찬하고, 인정해 주면 너 나 할 것 없이 아이들은 적극적으로 질문을 만들게 됩니다.

수업 시간에 가만히 자리에 앉아있고 수업 활동에는 적극적으로 참여하지 않는 학생도 있었습니다. 학습에 흥미를 느끼지 못 하고, 수업은 재미없다고 생각하는 것처럼 보였습니다. 하지만, 큐앤알 수업을 하면서 정답을 맞혀야만 한다는 두려움을 벗어나 내 생각을 자유롭게 이야기하게 되었습니다. 아이들은 자기 생각을 이야기하고 그것을 인정받을 때 아주 큰 성취감을 느끼게 됩니다.

큐앤알 수업은 모든 아이가 즐거움을 느끼는 수업입니다. 다양한 질문을 만들고, 질문에 대해 고민해 나가는 과정은 즐겁습니다. 정답만 찾는 수업이 아니라 다양한 생각을 나누고 함께 배움을 만들어 나가는 시간은 즐거움과 성취감이 가득합니다.

큐앤알 수업-<질문-반응> 단계 팁

■ 다양한 친구들과 질문하고 반응하기 위해서는 어떻게 해야 하나요?

항상 같은 친구와 질문하고 반응하기를 할 경우에는 다양한 생각을 나눌 수 없고 비슷한 양상을 보입니다. 따라서 교사가 적절하게 학생들을 섞어주는 과정이 필요합니다. 단순히 짝이나 모둠을 바꾸거나 교사가 의도적으로 배치하는 방법도 있을 수 있지만 이벤트성 활동으로 더 재미있게 수업을 진행할 수 있습니다.

예를 들어 교사가 인원에 대한 지시만 주는 것입니다. "교실을 돌아다니면서 만나게 되는 동성 친구 2명, 이성 친구 2명 그리고 선생님에게 질문을 해주세요."라고 이야기하면 교사는 모든 학생들의 질문을 확인할 수 있는 시간을 가질 수 있으며 학생들은 인원 안에서의 자율성은 갖되 좀 더 다양한 학생들과 만나 질문을 주고받을 수 있습니다.

이 활동에서 조금 더 놀이적인 요소를 추가할 수 있습니다. 교사는 노래를 틀고 학생들은 만나는 친구와 악수를 하는데 노래가 멈추었을 때 악수를 한 친구와 질문을 주고받게 되면 더 재미있게 시간을 보낼 수 있습니다. '단, 한 회기에서 악수를 했거나 이미 질문을 주고받은 친구와는 다시 악수를 할 수 없다.'라는 단서조항을 붙이면 더욱 겹치는 학생 없이 다양한 학생들을 만나 질문을 주고받을 수 있습니다.

다음으로는 학습지(또는 붙임종이)를 활용한 방법입니다. 학생들에게 학습지를 나누어 주기 전 모퉁이에 글자를 적습니다. 예를 들어 질문을 주고받을 수 있도록 4명씩 5팀을 구성하고 싶을 경우 한 학습지당 '큐, 앤, 알, 수, 업' 5글자 중 한 글자를 적는데 총 4장에 같은 글자를 적습니다. 학습지에 '큐'라고 적힌 4명이 만나 한 팀을 이루고 나머지 글자도 같은 방식으로 모여 활동을 합니다. 이렇게 되면 무작위 형식으로 학생들이 섞여 이야기를 나눌 수 있습니다. 만약 또래 상담과 같이 2인 1조로 질문을 주고받는 형식을 구성하고 싶다면 같은 방식으로 적어 배부한 뒤 같은 글자의 두 사람이 만나 활동을 하도록 안내하면 됩니다.

교실에 친한 친구가 없거나, 수줍음이 많아 먼저 다가가는 것이 어려운 학생이 있습니다. 이럴 경우에는 사교성과 배려심이 좋은 학생에게 혼자 있는 친구와 질문 나누기 활동을 함께 하도록 교사가 짝을 만들어 줄 수 있습니다. 또는, 교사가 그 학생과 질문 나누기 활동을 한 뒤 "선생님이 생각하지 못했던 질문이다!" 등과 같이 긍정적인 반응을 해주어 자신감을 심어줄 수 있습니다.

■ 큐앤알 수업을 하면 40분 안에 수업을 다 할 수 있나요?

처음 큐앤알 수업을 진행하다 보면 40분 이내에 수업이 다 끝나기 어려울 것입니다. 왜냐하면, 교사의 기대보다 좋은 질문이 넘쳐날 것이고, 서로 설명하기에 신이 난 아이들은 수업 시간이 가는 줄도 모르고 친구와 생각 나누기에 푹 빠질 것이기 때문입니다. 또한, 교사가 준비한 핵심 질문이나 설명도 놓치고 싶지 않기에 예상 시간보다 수업 시간이 길어질 것입니다. 수업 시간 조절에 도움이 될 만한 몇 가지 팁을 드리도록 하겠습니다.

첫째, 아이들이 만들 질문의 개수는 최대 3개가 넘지 않도록 하기. 다양한 질문을 많이 만드는 것도 물론 중요하지만 배움 목표에 도달하기 위해서는 핵심 질문을 만드는 것이 더 중요합니다. 큐앤알 수업 초기에는 아이들이 질문을 많이 만들면 잘한다고 생각할 수 있습니다. 이때 아이들이 핵심 질문을 만들 수 있도록 이끌어주는 것이 필요합니다. 아이들이 만든 질문을 함께 보면서 비슷한 질문끼리 유목화하거나 질문의 우선 순위를 정해보도록 지도하면 질문의 질이 높아집니다. 그러다 보면 교사가 핵심 질문을 던지지 않아도 아이들의 입에서 핵심 질문이 나오게 됩니다.

둘째, 수업 단계마다 시간을 체크하여 안내하기. 예를 들어, 질문을 만들 때는 3분 동안, 친구와 생각을 나눌 때는 5분 동안. 이런 식으로 활동을 안내할 때 활동 시간도 함께 안내합니다. 그리고 활동 시간이 종료되면 아이들이 집중할 수 있도록 하고, 활동한 것을 정리하는 시간을 갖습니다. 이때 해결하지 못한 질문을 함께 나누어 볼 수도 있고, 핵심 질문을 함께 나눌 수도 있습니다.

셋째, 친구와 생각을 나누기 전에 먼저 큐앤알 공책이나 학습지에 자기 생각을 적도록 하기. 그냥 친구와 생각을 나누어보라고 하면 하고 싶은 말을 마음껏 하게 됩니다. 그러다 보면 수업의 주제와 관련 없는 이야기도 나누게 됩니다. 또는, 어떤 이야기를 나눌지 몰라 가만히 있는 아이들이 생길 수도 있습니다. 따라서, 친구와 생각을 나누기 전에는 먼저 자기 생각을 글로 정리하는 시간을 갖도록 합니다. 자기 생각을 한번 글로 정리하고 나면 친구와 생각을 나눌 때 짧은 시간 동안에도 훨씬 더 의미 있는 배움을 만들어 낼 수 있습니다.

넷째, 블록 수업 또는 프로젝트 수업으로 구성하기. 학습 내용이 많은 차시는 블록 수업으로 구성하면 더욱 여유롭게 수업을 진행할 수 있습니다. 큐앤알학습 특성상 아이들이 충분히 질문을 나누고 다양하게 반응을 할 수 있도록 하는 것이 좋기 때문에 블록 수업을 구성하거나 프로젝트 수업으로 구성하는 것이 효율적입니다.

■ 수업이 너무 산만해지지는 않을까요?

처음 큐앤알 수업을 적용하면 자유로움에 학생들이 들떠 평소보다 산만해질 수 있습니다. 그러나 이를 수업에 대한 동력으로 끌어올 수 있다면 무기력한 상태보다 훨씬 학습에 도움이 됩니다. 또한 수업의 일부 장면에서 어쩔 수 없이 소란스러워지는 부분은 존재합니다. 질문-반응하기 단계에서 다른 사람과 필수적으로 대화를 나누어야 하기 때문입니다. 간단하게 짝끼리만 활동할 경우 소란스러움이 크진 않겠지만, 교실 전체를 대상으로 활동할 경우 그 소란스러움이 배 이상 커질 수 있습니다. 그래서 경계를 세워야 합니다. 바로 앞 사람에게만 들리는 목소리로 이야기해야 한다는 규칙을 정하는 것이 좋습니다. 질문과 답변을 모두 진행했으면 자신의 자리로 돌아가 정리-반응하기 단계를 준비하게 하는 것도 좋습니다.

■ 교사가 직접 설명하는 것이 효율적이지 않을까요?

오늘 배울 내용을 교사가 말로 풀어서 설명한다면 10분이면 충분할 것입니다. 하지만, 학습의 피라미드를 통해 알 수 있듯이 단순히 수업을 듣고 24시간 후 기억에 남는 학습량은 5%밖에 되지 않습니다. 교사 중심의 수업을 했을 때 아이들은 단순히 수업 내용을 듣고, 읽고, 시청각 자료를 봅니다. 이렇게 수업을 진행한다면 아이들의 머릿속에 남게 되는 내용은 20%도 되지 않습니다. 또한, 학생들이 진정으로 내용을 이해했는지 확인하기도 쉽지 않습니다.

하지만, 큐앤알 수업에서는 수업 주제에 대해 궁금한 것을 질문으로 만들고, 자기 생각을 설명합니다. 또한, 오늘 수업을 통해 배운 내용을 자신의 언어로 설명합니다. 학습 피라미드에 따르면 아이들이 배운 내용을 친구와 서로 설명할 때 90%의 학습 내용이 기억에 남게 됩니다.

교사가 아무리 설명을 잘한다고 하더라도 아이들이 교사의 설명을 듣기만 한다면 그 내용은 아이들의 장기기억 속에 남지 않습니다. 아이들이 진정으로 배운 내용을 나만의 것으로 만들기 위해서는 내가 이해한 내용을 말로 설명할 수 있어야 합니다. 그런 의미에서 질문하고 설명하는 큐앤알 수업은 아이들이 학습한 내용을 오랫동안 기억하는 데 큰 도움을 줍니다.

■ 교사가 답을 모르는 질문이 나오면 어떻게 할까요?

교사가 모든 질문의 답을 알고 설명할 필요는 없습니다. 답을 모르는 질문이 나왔을 때 학생들과 같이 질문에 대한 답을 찾아보고 그 과정을 함께하는 것도 공부의 일환입니다. 학생이 학습 목표와 관련된 중요한 질문을 했거나 수업 내용과 관련이 있는 질문일 경우에는 학생들과 함께 인터넷 검색을 하여 답을 찾아보고 먼저 발견한 사람이 설명하거나 도서관에 함께 가서 관련 서적을 찾아보는 방법이 있습니다.

혹은 그렇게 할 시간이 부족하거나 수업과 약간 거리가 있는 질문이어서 수업 시간 내에 다루기에 부적합한 경우에는 질문을 한 학생에게 다시 질문을 던져서 개인적으로 찾아볼 수 있는 시간을 줄 수도 있습니다. 학생이 쉬는 시간이나 다음 수업 시간을 활용해서 스스로 질문을 해결하고 친구들과 선생님에게 설명하여 메타인지를 촉진하게 할 수 있습니다. 교사는 학생의 모든 질문에 대답할 필요가 없으며 대답해야 한다는 부담감을 버리고 학생들이 배움 목표에 도달할 수 있도록 안내자가 되어 그 과정을 함께하면 됩니다.

큐앤알 수업-<정리-반응> 단계 팁

■ 해결되지 않은 질문이 너무 많을 때는 얼마나 받아줘야 할까요?

큐앤알 수업의 중점도 일반 수업의 중점과 크게 다르지 않습니다.

단위 시간에 정해진 배움 목표를 달성하는 데 중점을 두어야 합니다. 처음 큐앤알 수업을 할 때에는 학생들이 질문을 만드는 것이 원활하지 않아서 수업이 일찍 끝나거나 질문이 정제되지 않아서 시간이 부족한 경우가 생길 수 있습니다. 혹은 학생들끼리 질문을 주고받을 때 서로 질문이 해결되지 못하거나 오개념이 생기는 경우가 있을 수 있습니다.

이때 교사의 역할이 중요합니다. 교사는 학생들이 질문을 주고받을 때 순회하며 오개념을 잡아주고 배움 목표에서 벗어나는 질문들을 다시 테두리 안으로 들어올 수 있도록 지도합니다. 또한 학생들의 질문을 살펴보고 다니면서 비슷한 여러 질문을 미리 큰 덩어리의 질문으로 통합해 놓는 것도 시간 관리에 도움이 됩니다.

학생들끼리 질문을 주고받은 뒤 전체적으로 좋았던 질문이나 해결되지 않은 질문을 나누는 시간이 중요한데, 교사가 간단하게 설명하고 대답할 수 있는 질문은 빠르게 해결합니다. 그러나 주제에서 벗어난 질문이라면 과감하게 패스하고 중요한 질문이나 오개념을 바로잡는 데 시간을 활용해야 합니다. 핵심 질문은 학생들의 추가 질문이 들어오지 않아도 학생들끼리 질문을 주고받은 뒤에 교사가 학생들을 상대로 한 번씩 던지는 것이 좋습니다. 이때 학생들의 대답을 듣고 이해도를 확인할 수 있으며 만약 오개념이 있거나 이해도가 부족하다면 핵심 개념을 다시 한번 설명한 뒤 다음 단계로 넘어갑니다.

교사가 바로 설명할 수 없는 질문이라면 위에서 대답한 바와 같이 인터넷을 활용하여 검색하거나 학급 도서관 사용 시간을 활용하여 문제를 해결할 수 있습니다. 하지만 그 외의 질문들에 대해서는 개인 과제로 해결하게 하여 수업 시간을 침해하지 않도록 하는 것이 수업 시간 내에 효율적으로 목표에 도달하는 데 도움 됩니다. 해결되지 않은 질문이 배움 목표와 밀접한 연관이 있다면 이는 배움 목표에 도달하지 못한 것이기 때문에 추가 차시를 구성해서라도 해결하는 것이 좋습니다.

■ 큐앤알 수업으로 오개념이 많이 생기진 않을까요?

모든 수업에서 학생들의 오개념이 생깁니다. 교사가 예상하지 못하는 지점에서 학생들은 오개념을 습득합니다. 큐앤알 수업 역시 학생들의 오개념이 생길 수 있습니다. 일반적인 수업에서는 학생들이 오개념을 가지고 있어도 그 오개념을 확인하기 쉽지 않지만, 큐앤알 수업에서는 훨씬 더 쉽게 확인할 수 있습니다. 왜냐하면, 큐앤알 수업에서는 학생들이 자신이 배운 것을 자신의 언어로 설명하기 때문입니다.

학생들이 설명하는 것을 들어보다 보면 자연스럽게 오개념을 확인할 수 있습니다. 또한, 큐앤알 수업을 기록하는 공책을 사용하거나 학습지를 만들어 사용하는 것을 추천합니다. 큐앤알 공책이나 학습지에 학생들이 배운 내용을 정리한 것을 보고 오개념을 확인할 수 있습니다.

학생들끼리 질문하고 설명하는 과정을 통해 오개념이 더욱 많이 생기진 않을지 걱정할 수도 있습니다. 하지만, 실제 수업을 관찰하다 보면 학생들은 서로 의사소통하며 생각이 다른 지점을 확인하고 또 다른 친구들과 의사소통하면서 자연스럽게 오개념을 수정해 나가는 것을 볼 수 있습니다. 이 경우 학생들의 메타인지 능력이 키워지게 됩니다. 스스로 깨달은 개념은 더욱더 오랫동안 기억에 남게 됩니다.

■ 아이가 배운 것을 말로 설명하기 어려워하면 어떻게 지도할 수 있나요?

저학년의 경우 글을 쓰는 것이 미숙하기 때문에 말로 설명하는 것이 더 효율적일 수도 있습니다. 고학년의 경우에는 자신이 학습한 내용을 동생 또는 친구에게 간단하게 설명해 준다는 느낌으로 반응하기를 하면 부담감을 덜고 편하게 이야기할 수 있습니다. 하지만 학생에 따라 말로 설명하는 것을 어려워할 경우에는 다양한 반응하기 방법이 있습니다. 부담감이 큰 학생의 경우 말로 설명하기 전에 줄글로 대사를 작성하여 읽거나 혹은 간단하게 마인드맵(생각 그물)을 활용하여 중요 단어만 뽑아낸 뒤 이를 엮어 문장으로 만들어 설명하게 할 수 있습니다.

그림을 잘 그리는 학생은 글과 말보다 그림이 더 효과적인 반응하기 방법이 될 수 있습니다. 그림을 먼저 그리고 나서 그림에 대한 설명을 하는 것이 그 학생에게는 효율적인 반응법이 될 것입니다. 만화를 좋아하는 학생은 캐릭터와 대사를 활용하여 자신이 그 시간에 이해하고 배운 것을 만화로 그려 반응할 수 있습니다. 글과 그림에 모두 다재다능하다면 시화와 같이 글과 그림을 함께 활용하는 방법도 있습니다.

음악을 좋아하는 학생의 경우 핵심 내용을 넣어 랩이나 노랫말을 만들어 부를 수 있고 몸을 쓰는 것을 좋아하는 학생은 '몸으로 말해요'와 같이 재미있게 몸짓을 활용하여 배운 것을 표현할 수 있습니다. 개별 활동이 아닌 모둠으로 반응하기를 함께 할 경우에는 핵심 내용을 넣어 대사를 쓰고 연기를 하며 연극을 준비하는 방법도 있습니다. 따라서 반응하기는 한 가지 방법에 국한된 것이 아니고 학급에서 학생들의 특색에 맞게 다양하게 변형하여 지도할 수 있습니다.

■ 큐앤알 수업이 아이들의 글쓰기 능력을 키우는 데도 도움이 될까요?

글을 잘 쓰려면 먼저 주제에 대해 깊이 사고해야 합니다. '진정한 아름다움이 무엇일까?'에 대한 글을 쓴다고 가정해 봅시다. 막상 글을 쓰려고 하면 자신이 생각하는 아름다운 것들만 나열하다가 끝날 것입니다. 하지만, 큐앤알 수업을 하면 학생들의 깊이 있는 생각이 깨어나게 됩니다. 학생들은 이런 질문을 합니다.

- 어떤 모습을 보고 진정한 아름다움을 지녔다고 할 수 있을까?
- 겉모습이 아름답지 않다면 진정한 아름다움이 아닐까?
- 착하고 배려심이 깊은 것은 진정한 아름다움일까?
- 누군가 아름답지 않다고 하는 것을 다른 사람은 아름답다고 할 수 있을까?

큐앤알 수업을 통해 학생들은 사고를 확장하고 주제를 깊이 있게 탐구할 수 있는 질문들을 만들어냅니다. 이 질문들에 대해 고민해보고 친구와 생각을 나누는 과정을 통해 창의력과 사고력이 키워지고 학생들의 반짝이는 생각들이 빛을 발휘하게 됩니다. 또한, 친구들과 많은 생각을 나눠보았기 때문에 글을 쓸 때 담고 싶은 생각이 많아집니다. 큐앤알 수업은 친구들과 의사소통하며 사고를 확장하고 자기 생각을 한번 정리해 볼 수 있기 때문에 글을 쓸 때도 큰 도움이 됩니다.

글을 쓰기 전에 필요한 과정은 자기 생각을 정리하는 과정입니다. 큐앤알 수업은 매시간 질문과 답변을 나누면서 자기 생각을 돌아볼 기회를 갖습니다. 또한 정리-반응하기 단계에서 자기 생각을 여러 가지 방법으로 정리하는 연습을 자연스럽게 하게 됩니다. 이는 글쓰기 과정에서 꼭 필요한 구조화와 크게 다르지 않으며 자연스럽게 학생들은 글쓰기를 체계적, 논리적으로 할 수 있는 능력을 기를 수 있습니다.

참고문헌

로알드 달(2019), 『찰리와 초콜릿 공장』, 시공주니어.

박순덕 외 한국큐앤이학습연구회(2018), 『수업을 Q&E하다』, 서울: 교육과학사.

박순덕 외 한국큐앤알학습연구회(2019), 『큐앤알, 한 학기 한 권 읽기를 만나다』, 서울: 교육과학사.

박은정(2010), 『니 꿈은 뭐이가?』, 웅진주니어.

백희나(2017), 『알사탕』, 책읽는곰.

야 케비(2020), 『초코곰과 젤리곰』, 한솔수북.

윌리엄 밀러(2004), 『사라 버스를 타다』, 사계절.

이수지(2021), 『여름이 온다』, 비룡소.

이주희(2019), 『고민식당』, 한림출판사.

이지은(2021), 『친구의 전설』, 웅진주니어.

이자벨 카리에(2014), 『아나톨의 작은 냄비』, 씨드북.

펩 몬세라트(2014), 『루빈스타인은 참 예뻐요』, 북극곰.

피오나 로버튼(2010), 『구합니다 완벽한 애완동물』, 책과콩나무.

허은미, 오정택(2017), 『진정한 일곱살』, 만만한 책방.

Johnmarshall Reeve. 정봉교 윤병수 김아영 도승이 장형심 공역(2011). 『동기와 정서의 이해』. 서울: 박학사.

Susan Engel(2015), 『The Hungry Mind』, Harvard University Press.

한국큐앤이학습연구회, http://cafe.daum.net/q-and-e

한국큐앤알학습연구회, https://cafe.daum.net/talktalkQnE

저자 약력

수석교사 **박순덕**

다문화교육전공 국내박사 1호
한국큐앤알학습연구회 회장
전국 및 경기도 유초등수석교사회 회장 역임
대구교육대학교, 인하대학교 강사 역임

한국교원대학교, 경기도, 서울, 경북, 전남, 대구 등 전국 큐앤알학습 강의 다수

논문: '큐앤이학습에 대한 고찰', '디지털 네이티브 세대와 디지털 기기를 활용한 큐앤알학습의 효과'외 다수

저서: '다문화 용어 사전(공저)', '수업을 Q&E 하다', '큐앤알, 한 학기 한 권 읽기를 만나다' 외 다수

교사 **김영주**

공주교육대학교 초등교육 전공

경기도 큐앤알 학습 연구회 연구회원
경기도교육연수원 공모연수 강사

교사 **이기범**

경인교육대학교 초등교육 전공

경기도 큐앤알 학습 연구회 부회장 및 연구회원
경기도교육연수원 공모연수 강사

저서: '큐앤알, 한 학기 한 권 읽기를 만나다'

교사 **정다은**

경인교육대학원 특수교육 전공

사제동행 원격교육연수원 직무연수 촬영
경기도 큐앤알 학습 연구회 간사 및 연구회원
경기도교육연수원 공모연수 강사
경기도 교육청 및 전남 교육청 강사

저서: '수업을 Q&E 하다', '큐앤알, 한 학기 한 권 읽기를 만나다'

교사 **최유리**

전주교육대학교 초등교육 전공

경기도 큐앤알 학습 연구회 연구회원
경기도교육연수원 공모연수 강사

저서: '큐앤알, 한 학기 한 권 읽기를 만나다'

교사 **김수연**

한국교원대 초등교육 전공

전 원종초등학교 교사
현 충남대학교 법학전문대학원 재학

깊이 있는 질문 수업

2024년 9월 10일 1판 1쇄 발행
2025년 9월 30일 1판 3쇄 발행

저 자 : 한국큐앤알학습연구회
박순덕 김영주 이기범
정다은 최유리 김수연

발행인 : 한 정 주
발행처 : 교 육 과 학 사

경기도 파주시 광인사길 71
전화 (031)955-6956~8 / 팩스 (031)955-6037
Home-page : www.kyoyookbook.co.kr
E-mail : kyoyookbook@daum.net
등록 : 1970년 5월 18일 제2-73호

정가 17,000원
ISBN 978-89-254-1977-0